季冻地区农村低等级公路典型简易路面结构研究与实践
——以西藏为例

王全磊 ◎ 著

西南交通大学出版社
·成都·

图书在版编目（CIP）数据

季冻地区农村低等级公路典型简易路面结构研究与实践：以西藏为例 / 王全磊著. -- 成都：西南交通大学出版社，2024.9. -- ISBN 978-7-5774-0054-9

Ⅰ. U416

中国国家版本馆 CIP 数据核字第 2024UG5079 号

Jidong Diqu Nongcun Didengji Gonglu Dianxing Jianyi Lumian Jiegou Yanjiu yu Shijian
— Yi Xizang Weili

季冻地区农村低等级公路典型简易路面结构研究与实践
——以西藏为例

王全磊　著

策划编辑	陈　斌	
责任编辑	陈　斌	
封面设计	GT 工作室	

出版发行	西南交通大学出版社
	（四川省成都市金牛区二环路北一段 111 号
	西南交通大学创新大厦 21 楼）
邮政编码	610031
营销部电话	028-87600564　　028-87600533
网址	http://www.xnjdcbs.com
印刷	四川煤田地质制图印刷厂

成品尺寸	170 mm × 230 mm
印张	9.75
字数	163 千
版次	2024 年 9 月第 1 版
印次	2024 年 9 月第 1 次
书号	ISBN 978-7-5774-0054-9
定价	50.00 元

图书如有印装质量问题　本社负责退换
版权所有　盗版必究　举报电话：028-87600562

PREFACE 前 言

我国季冻地区具有气候条件较差、地形复杂与生态环境保护需求高等特点，对公路设计、建设和运营提出了更高的要求和挑战。西藏位于我国西南部季冻区，公路路面在行车荷载、高原气候、昼夜大温差与强烈紫外线辐射的综合作用下，极易出现开裂、冻害和半刚性基层反射裂缝等早期病害。为了提高公路服务质量，建设者不断探索适应当地气候和地质特点的路面材料与结构设计，加强路面维护和保养工作，以提高路面的整体性能。

农村公路作为西藏公路网中不可或缺的一部分，承载着连接乡村、促进经济发展、改善民生的重要使命。随着国家经济发展与乡村振兴政策的落实，农村公路建设已取得了显著成绩和进展，但西藏农村低等级公路仍存在技术等级低、路网通达深度不够、施工技术落后、行车条件差等亟待解决的问题。现有路面结构（包括水泥路面和沥青路面）设计理论和方法对低等级公路的结构与材料提供了指导性的建议，但在西藏农村低等级公路的设计过程中，经济因素、施工可行性因素、环境因素同样需要着重考虑。

本书依托作者团队多年来承担的西藏农村低等级公路设计、科研与施工等实践经验，结合西藏地区海拔高、昼夜温差大等特殊自然环境条件，从控制施工成本、简化施工流程的角度提出适用于西藏地区的农村低等级公路典型简易路面结构。本书系统地介绍了原材料技术指标及相关要求、典型简易路面结构设计、施工工艺、质量检查及验收等内容，具有较强的实用性。

本书在撰写过程中,得到了赵梦珍高级工程师、徐周聪高级工程师、王火明研究员、龙丽琴高级工程师、布琼高级工程师和辛顺超高级工程师等的帮助,在此表示衷心的感谢。

由于作者水平有限,书中疏漏与不足之处在所难免,敬请读者批评指正。

作 者

2024 年 5 月

CONTENTS 目 录

第1章 绪 论 ·· 001
1.1 国内外研究进展 ·································· 003
1.2 主要研究内容与方法 ······························ 012

第2章 西藏农村低等级公路现状调查及典型简易路面结构选择 ·· 014
2.1 调查目的和意义 ·································· 015
2.2 调查内容和方法 ·································· 015
2.3 环境条件与筑路材料 ······························ 016
2.4 西藏农村公路现状调研 ···························· 022
2.5 西藏农村低等级公路路面典型简易结构 ············ 031

第3章 典型简易路面结构基层参数优化 ·············· 038
3.1 概述 ·· 039
3.2 试验方案 ·· 039
3.3 原材料及配合比设计 ······························ 044
3.4 级配范围 ·· 050
3.5 集料最大粒径 ···································· 053
3.6 水泥用量 ·· 056

第4章　典型简易路面结构面层参数优化 …………… 059

4.1　概述 ……………………………………………… 060
4.2　研究与应用现状 ………………………………… 061
4.3　原材料及试验方法 ……………………………… 064
4.4　基布参数研究 …………………………………… 075
4.5　同步碎石封层沥青参数研究 …………………… 081
4.6　同步碎石封层所用碎石研究 …………………… 084

第5章　典型简易路面结构在西藏地区的
　　　　适应性分析 ……………………………… 090

5.1　概述 ……………………………………………… 091
5.2　西藏地区气候环境分析 ………………………… 091
5.3　试验方案 ………………………………………… 094
5.4　低温环境 ………………………………………… 096
5.5　昼夜温差 ………………………………………… 099
5.6　融雪浸水 ………………………………………… 102
5.7　施工和易性 ……………………………………… 105

第 6 章　典型简易路面结构的路用性能 …………… 109

6.1　概述 ………………………………………… 110
6.2　渗水系数 …………………………………… 110
6.3　构造深度 …………………………………… 112
6.4　摆式摩擦系数 ……………………………… 114
6.5　高温泛油 …………………………………… 117

第 7 章　典型简易路面结构施工关键技术研究 …… 120

7.1　试验路概况 ………………………………… 121
7.2　施工前准备 ………………………………… 123
7.3　施工流程 …………………………………… 128
7.4　现场施工质量控制 ………………………… 129
7.5　施工质量检测及评价 ……………………… 137
7.6　沥青碎石封层经济效益分析 ……………… 139

第 8 章　结　论 ………………………………………… 141

参考文献 ………………………………………………… 145

第1章 绪 论

西藏自治区位于青藏高原西南部季冻地区，平均海拔 4 000 m，气候干寒，昼夜温差大；气温低，太阳辐射强烈；融期、雨季、施工季节重叠；气压低，含氧量少。这些自然界的不利条件，给西藏地区公路路面的设计、施工及运营带来了很多难题。

农村公路是西藏公路网的重要组成部分，主要供农村地区车辆行驶并达到一定技术标准。就西藏现状而言，农村公路一般指县乡公路、二类边防专用公路、通村和通寺公路。作为西藏农村地区的主要出行载体，农村公路对西藏整个地区的经济发展和区域协同具有重要的意义。

西藏地方各级政府高度重视和支持农村公路建设工作，通过大力推进农村公路建设，全区农村公路通达通畅里程大幅增加，技术等级有所提高，路面状况得到改善，生态路、环保路、旅游路在农牧区延伸，西藏农村公路取得了长足发展。但由于独特复杂的气候以及地理位置和经济条件的制约，西藏农村低等级公路仍存在技术等级低、路网通达深度不够、施工技术落后、行车条件差等亟待解决的问题。

尽管我国目前已有了一套较完善的路面结构（包括水泥路面和沥青路面）设计理论和方法，但主要是解决了路面结构的厚度计算问题，对结构组合、材料选择及组成要求等做了指导性的建议。而在西藏农村低等级公路的设计过程中，经济因素、施工可行性因素、环境因素同样需要着重考虑。这些问题在地方公路的路面结构设计中尤为突出。

路面典型结构就是在现有路面设计规范指导下，充分考虑区域气候、土壤、地质和水文等各种自然因素对路面的影响，结合当地的建筑材料来源、交通和经济发展条件而制定的适应于该区域不同交通条件的路面结构标准图（或标准结构）。

本书通过对西藏地区自然环境及交通条件的详细调研与分析，结合国内外现有的低等级农村公路典型路面结构，提出适合于西藏地区的典型简易路面结构。并在传统结构基础上，进行参数优化，达到成本低廉、施工简便、适应环境的目的，预期成果可以推广至全国范围内季冻地区农村低等级公路，具有重大的社会效益与经济效益。

1.1 国内外研究进展

1.1.1 我国农村公路建设发展历史

农村公路在当今我国社会发展中发挥着特殊的、不可替代的作用,它方便了农民安全便捷出行,便利了农产品的流通,从根本上改善了农村交通状况,促进了农村经济文化的快速发展。不管是发达国家,还是发展中国家,都很重视农村公路,世界各国各级政府承担了农村公路建设的主要责任,都能从城乡协调发展的战略高度来支持农村公路建设,都能按照一定的原则对公路网进行分级有效管理。

我国农村公路经过多年的建设与发展,基本解决了农村居民出行难的问题,在全面建成小康社会、转变农村经济发展方式、更好地服务"三农"中发挥着重要作用。农村交通条件的改善,改变了农村面貌,促进了农业发展,给广大农民的生产与生活带来了深刻变化,解决了农产品运输难、销售难、货损大、成本高、价格低的问题,农民增收效果明显,同时为我国农民扩大消费提供了必要条件。

中华人民共和国成立以来,特别是改革开放以来,我国一直把农业、农村、农民问题作为关系国家发展全局的大事,因此加快了农村公路建设。1978年,我国农村公路里程只有58.6万千米,大量乡镇和村庄都不通公路。2003年,根据中央政府提出的建设社会主义新农村的部署,国家交通运输部提出了"修好农村路,服务城镇化,让农民兄弟走上柏油路和水泥路"的口号,开始实施"东部地区通村、中部地区通乡、西部地区通县"工程。2005年,国务院通过了《全国农村公路建设规划》,提出了中长期农村公路发展目标。从2006年开始,交通运输部组织实施了"五年千亿元"工程,我国农村公路建设步入了历史上最大规模的快速发展新时期。

截至2023年年底,我国农村公路总里程达460万千米。在"十四五"规划(2021—2025年)期间,我国将继续加大对农村公路建设的投入,以改善农村交通基础设施,提高农村地区的交通便利性和经济发展水平;管理部门也致力于普及乡村公路建设,促进农村公路网络的完善和覆盖范围的扩大,以提升农村地区的交通条件。通过各项政策措施的实施,预计农村公路建设将迎来更多的发展机遇，为促进农村地区的经济社会发展发挥重要作用。

近年来，我国农村低等级公路的发展取得了显著进展。一方面，管理部门加大了对农村公路建设的投入，推动了基础设施建设的快速发展；另一方面，随着农村经济的不断发展和农民生活水平的提高，对农村公路的需求也在不断增加。我国农村低等级公路建设规模不断扩大，覆盖范围逐步扩大，给农村地区的经济发展和农民生活带来了便利。同时，公路建设技术不断创新，建设质量得到提升，一些农村地区的交通条件得到了显著改善。然而，我们也需要意识到在一些偏远山区、季节性气候恶劣的地区，农村低等级公路的建设仍面临诸多挑战，如资金来源不足、施工条件艰苦、路况维护困难等问题，需要进一步加大投入和改善管理，以提升农村低等级公路的建设水平和服务质量，促进农村地区的可持续发展。

1.1.2　农村低等级公路典型结构发展现状

在公路网中，和我国农村公路部分相对应的道路，在国外被称为低交通量道路，具体指交通量＜500（辆/日）的道路。对低交通量公路的研究，国外开始得比较早，研究的范围也比较广。1975年国际第一届关于低交通量道路相关问题的会议召开，各个国家对在低交通量道路方面取得的最新研究成果进行探讨和分享，当时一些技术先进的国家还针对自己国家的低交通量情况制订了设计指南和设计标准，这在很大程度上促进了低交通量道路的发展。

国外很多国家在进行路面设计时几乎不约而同地提到了典型结构的概念并付诸实践。最初在20世纪70年代，美国、法国、德国先提出了典型结构，随后，南非、比利时、印度、奥地利等国家也开始对典型结构做了广泛的研究。

在低交通量道路设计上，各个国家所采取的方法不同，尤其是在参数设置上各个国家的侧重点不同。和我国目前道路路面结构设计方法大致差不多的是比利时和法国，它们也主要用交通等级和土基模量两个因素确定设计。

美国和德国的典型结构在交通量变量上，对于特殊地区，增加了抗冻厚度这一变量，同时美国也提出了对低交通量道路路用性能有影响的三大主要因素：一是设计道路将来的服务水平，二是道路建设用的材料特性和长久表现出的性能，三是以湿度和温度为主要因素的环境条件对道路的影响。

奥地利的典型路面结构设计方法可以说是所有国家中比较简单的，只是在土基的承载能力 $E/V_1 > 35$ MPa 这一必需条件下，采用了设计年限内的交通量情况这一个变量。印度低交通量路面典型结构的设计方法和参数在比利时的设计基础上，车辙设计标准的确定采用 50 mm 的车辙深度作为破坏的临界点，而南非的设计对车辙深度选择 20 mm 作为破坏临界点。日本根据路基土设计 CBR 值的方法提出了典型结构，内容和我国现在的设计方法差不多。

在路面结构设计与材料方面，西班牙在使用碾压混凝土路面时，从成本出发，用工业废料替代部分水泥。加拿大农村地区早期广泛采用了砂砾（碎）石类路面，这与它的国家面积和人口有很大关系，事实证明这一结构的实用性和经济性比较强，以致很多类似条件的发展中国家也广泛采用。1983 年，可使路面平均寿命达到 10～15 年的碎石封层技术应用在了澳大利亚 20 万千米道路中，占当时道路总里程的 25%。1974 年，表面封层技术在新西兰近 4.6 万千米的公路中得到了应用。由于乳化沥青具有可以在常温下施工的特点，法国较多地将其应用在低交通量道路上。一些国家对沥青路面的研究比较深入，例如比利时和德国已经开始了沥青再生技术的研究，这个研究对沥青发展具有重大意义。在干旱地区，如沙特阿拉伯在利用当地沙子上用水泥进行了性能改良。对于冷拌沥青，南非的研究比较深入，除了乳化沥青，还有泡沫沥青和稀释沥青的使用，同时南非也开发了一些新路面结构，如强基薄面沥青路面、强度大于等于 4 MPa 缸砖铺筑的路面。

从 2005 年后，发达国家开始注重农村公路的后期养护，相对于发达国家，发展中国家研究农村公路的重点还是路面前期修建、设计方法和发展对策。

总之，国外的低交通量道路在路面结构选择上，有几个基本共同原则，如实用性好、工艺简单、满足道路通畅等，在这些原则中并没有提倡道路使用性能的舒适性，因为都有资金不足的问题，即使有各种筹资方式加上政府出资，技术人员的缺少和资源的不足也是很大的原因。

这些年，国内研究者关于典型路面结构的研究也掀起一股热潮，对这方面进行了大量的科研调查工作。例如，同济大学的林绣贤综合前期"七·五"科研成果，建议将路面结构材料、各层间结构的最小厚度等纳入路面结构层的设计过程中；北京公路所的沙庆林院士根据沥青路面基层中大量的半刚性基层的实际应用经验，对路面结构设计参数允许弯沉等提出了改善意见；东南大学的黄晓明教授在对农村公路病害研究的基础之上，建设性地提出了关于农村公路各种不同的典型路面结构。与此同时，东南大学的黄卫团队综合国内外已有的成熟的设计经验及研究成果，提出了路面结构层厚度的优化方案，同时对典型的路面结构绘制出了结构层厚度设计表。

20世纪60~70年代，我国大部分地区的公路交通量都比较低，随着经济的发展，最近20年左右，高等级公路发展非常迅速，对农村等级较低的公路研究也慢慢降温。农村公路在材料选用方面，有着极为有利的天然优势。为了利用当地资源、降低成本、减少环境污染等，很多地区都应用了当地工业废料。

1.1.3 土工聚合物应用现状

近代土工聚合物的发展是与合成材料——塑料、合成纤维和合成橡胶的发展分不开的，第一个商品化的合成材料是硝化纤维。到20世纪30年代，聚氯乙烯、低密度聚乙烯、聚酰胺相继出现在市场。到50年代，聚酯、高密度聚乙烯和聚丙烯相继问世。随着各种塑料的研制成功，不同类型的合成纤维也投入生产。从30年代到40年代有聚酰胺纤维和聚氯乙烯纤维，40年代到50年代有聚酯纤维、聚乙烯纤维和聚丙烯纤维。

合成纤维在土木工程中的应用开始于20世纪50年代末期。1958年R.J Barrett在美国佛罗里达州利用聚乙烯织物作为海岸块石护坡的垫层，一般被认为是应用现代土工织物的开端。实际上在1957年以前，以合成纤维植物做成的沙袋已经在荷兰、德国和日本等国家应用了。在60年代，合成纤维土工织物在美国、欧洲和日本逐渐被推广。所用的土工织物主要是机织型的，大部分用于护岸防冲等工程。由于机织型土工织物的强度具有很大的方向性，而且价格较高，因此它的发展受到了限制。

非织造型织物（俗称无纺织物或无纺布）的应用，给土工织物带来了新的生命。它的特点是把纤维做成多方向的或任意性的排列，故强度没有显著的方向性。厚的织物不但可以用作滤层，还可以用作导水体，因此更适用于各种土建工程。非织造型土工织物在60年代末期开始应用于欧洲，1968—1970年间相继用于法国和英国的无路面道路、德国的护岸工程、法国的下游排水反滤和上游护坡垫层以及德国的一座隧洞。在70年代，这种土工织物很快地从欧洲传播到美洲、西非和澳洲，最后传播到亚洲。近20年来，由于纺黏法制造工艺的推广，生产出大量的成本低、强度高的产品，非织造型土工织物的应用得到飞速发展。

土工合成材料是首先在岩土工程中得到应用的一种新型材料，它的产品类型很多，均是以人工聚合物作为原料而制成的。在土体内部或各层土体之间铺设土工合成材料后，可以起到增强土体的作用。目前，土工合成材料已在岩土工程、建筑工程、公路工程、水利工程、市政工程等领域得到了广泛的应用。

1. 土工合成材料的种类

土工合成材料的种类很多，早期人们曾将其按透水和不透水分为土工织物和土工膜两大类，后来人们又利用人工聚合物制造出大量的复合材料、特种材料等类型的合成材料，这时的土工合成材料已不仅仅是"织物"和"膜"这两个概念所能描述的。20世纪80年代，工程师J. E. Fluet推荐使用"土工合成材料"（Geosynthetics）这个词作为各种类型材料的总称，这一名词已被多数工程师所认可。当前，我国一般将土工合成材料分为四大类（见图1.1），即土工织物、土工膜、土工复合材料和土工特种材料。

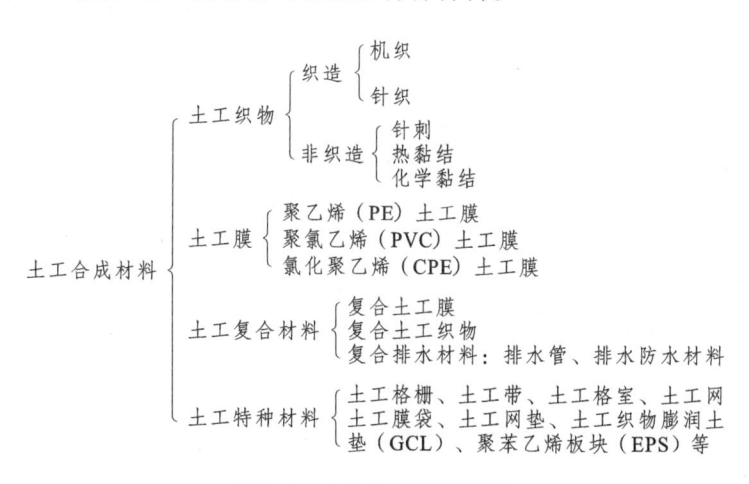

土工合成材料
- 土工织物
  - 织造
    - 机织
    - 针织
  - 非织造
    - 针刺
    - 热黏结
    - 化学黏结
- 土工膜
  - 聚乙烯（PE）土工膜
  - 聚氯乙烯（PVC）土工膜
  - 氯化聚乙烯（CPE）土工膜
- 土工复合材料
  - 复合土工膜
  - 复合土工织物
  - 复合排水材料：排水管、排水防水材料
- 土工特种材料
  - 土工格栅、土工带、土工格室、土工网
  - 土工膜袋、土工网垫、土工织物膨润土垫（GCL）、聚苯乙烯板块（EPS）等

图1.1 土工合成材料分类

土工织物是一种透水性的土工合成材料，按其制作方法分类，可分为无纺和有纺两种。织物中的细丝或纤维若是按定向或非定向排列并结合起来的称为无纺土工织物，织物中的两组平行细丝或纤维若是按某种方式交织而成的则称为有纺土工织物。土工织物显著的优点是：质量轻、整体连续性好；施工方便，抗拉强度高，耐腐蚀性和抗微生物侵蚀性好，渗透性好，质地柔软，可以

和土体更好地结合。其缺点是在阳光下容易产生老化，耐久性较差。

土工膜是一种不透水的土工合成材料，它一般是利用沥青或聚合物而制成的。土工膜又分为加筋、不加筋以及组合等多种类型，不同类型的土工膜具有不同的变形量和强度，这样可以更好地适应工程的需要。土工膜具有的显著优点是：良好的不透水性、良好的弹性以及较强的变形能力。

土工格栅是由人工聚合物经定向拉伸而形成的具有网状结构的一种土工合成材料，它常用于土体加筋结构中的筋材，以提高土体结构的整体稳定性。土工格栅经过了定向拉伸，这就使得聚合物分子链间的联结力增强了，从而大大提高了格栅的抗拉强度。土工格栅还具有方形孔洞，这就使它置于土体中，可以更好地与土体咬合在一起，形成一个整体。另外，土工格栅还具有其他一些优点，如耐酸、耐碱、不易老化等。

土工网是由人工合成聚合物条带编织而成或由合成树脂压制而成的平面网状结构的土工合成材料，它常用于加固软土地基和坡面防护工程。另外，土工网的形状结构及制作方法对其性能的影响较大。

土工格室是由人工合成聚合物制成的蜂窝状或三维网状结构的土工合成材料，它常用于冲刷防护、水土保持或支挡加固中。

土工膜袋是一种可以用来代替模板的袋状土工合成材料，是利用双层聚合化纤织物制成的。使用高压泵将混凝土或砂浆灌入膜袋中，可以形成各种形状结构的混凝土块，主要用于边坡防护以及其他地基处理工程。

复合土工膜是由土工膜与其他一种或多种土工合成材料经过组合而形成的土工复合材料，该材料仍保持各组成材料的特性。它的主要作用是防渗、排水以及增强土工膜与土体之间的摩擦力。

2. 土工合成材料的抗裂机理

根据初步分析，对于土工合成材料抑制路面裂缝的作用机理，可以归纳为以下四个方面。

（1）隔离作用。

对于反射裂缝，铺设土工合成材料后，就将开裂的基层与沥青面层隔离开来，避免了基层与沥青混凝土面层的直接接触，基层裂缝尖端的拉应力就无法直接传递到沥青混凝土面层上。这样虽然减小了基层与面层之间的结合力，但沥青油可以将土工合成材料与基层和新铺的面层连成一个整体，共同承受车辆荷载的作用，足以防止界面上下层的相对位移，从而保持路面结构的连续性。

（2）加筋作用。

土工合成材料加铺层具有一定的强度，可以承受一定的基层裂缝的拉应力，当基层裂缝的拉应力逐渐增大并大于土工合成材料加铺层的抗拉强度时，土工合成材料加铺层就开始变形，此时面层才开始承受土工合成材料加铺层传递上来的拉应力。若无土工合成材料加铺层，沥青混凝土面层将承受基层裂缝的全部拉应力，显然土工合成材料起到了加筋的作用。在此意义上说，它提高了路面结构层的抗拉强度，使路面更加持久耐用。

（3）消能缓冲作用。

土工合成材料是具有一定延伸性的材料，有较好的柔韧性，将其铺设于半刚性基层与沥青混凝土面层之间，相当于设置了一层弹性层，基层裂缝的拉应力通过土工合成材料加铺层扩散到更宽的范围，从而缓解了裂缝处的应力集中，有弹性的加铺层可以起到吸收部分拉伸能量的作用。

（4）隔水防渗作用。

土工合成材料的孔隙被沥青油封闭后，将形成一个完整的织物——沥青体系的隔水防渗层，可隔断路面水向基层渗透，从而起到保护基层强度的作用，使基层材料性质不至于进一步恶化。

综上所述，土工合成材料用于沥青混凝土面层与基层之间，可以有效地抑制基层裂缝向上的传递，在实际工程中要发挥土工合成材料加铺层的抗拉作用与吸能作用，关键是要保证土工合成材料与沥青面层之间有很好的附着力，因此在施工工艺上应研究如何加强土工合成材料与沥青面层之间的附着力。另外，在铺设土工合成材料时，应对其加一定的预拉力，以保证土工合成材料与沥青混凝土面层可以共同工作，使沥青混凝土面层的抗拉能力得到加强。

1.1.4 同步碎石封层发展现状

同步碎石封层技术于20世纪80年代起源于法国，作为一种具有优异性能的路面预防性养护措施，迅速得到各国的认可，整个欧洲以及美国、澳大利亚等国家都有应用,并探索完善了碎石封层技术的设计方法与施工工艺。法国拥有各等级公路 100 万千米,其中高等级道路(高速公路)3.6 万千米,95% 以上的公路养护采用了同步碎石封层技术,经过多年经验和实际观察结果显示,碎石封层技术可以使沥青路面的使用寿命延长一倍,即共 20 年左右。在美国,根据 SHRP SPS 大量实例数据显示一次碎石封层养护可以服务 5 年以上。基于碎石封层养护技术的优点,澳大利亚、法国、南非、新西兰、美国及欧洲等国家和地区都十分重视该技术的发展与应用,经过大量的实践表明,将碎石封层作为沥青路面磨耗层,不但可以获得很好的路用性能,同时还能以最小的成本获得最长的使用寿命,因此,很多国家都出台了相应的技术指导规范或手册,从而使其得到广泛的应用,见表 1.1。

表 1.1 国外碎石封层技术应用情况

序号	国家	应用情况	日均交通量	使用寿命
1	法国	95% 以上沥青路面采用碎石封层养护	—	10~20 年
2	澳大利亚	25 万千米公路采用碎石封层作为磨耗层	≤6 万	可达 15 年
3	南非	—	≤5 万	8~12 年
4	美国	33 个州的沥青路面养护采用碎石封层养护技术	≤4 万	大于 5 年

为了提高碎石封层的工程质量,确保其路用性能及使用寿命,根据多年的经验和大量的试验数据,国外对碎石封层技术的应用做出了详细的规定:

(1)集料的使用:作为磨耗层时,碎石封层最好采用单一粒径的集料;碎石的 0.075 通过率接近为零(有的要求小于 1%,有的要求小于 0.5%),当碎石中泥沙含量较大,表面明显不清洁时,要用水清洗干净后方可使用;碎石的针片状含量(规准仪法)也有严格的要求,在用于较大交通量公路时不应大于 10%。我国的碎石封层技术在应用过程中这些指标往往不够理想。

(2)沥青结合料的应用:当用于较小交通量公路,特别是低等级道路时,一般采用稀释沥青或高黏度的乳化沥青,有时也可以采用普通沥青;当用于较大交通量公路时应该采用橡胶沥青、SBS 改性沥青等黏度较高的沥青作为结合料。

（3）使用条件的规定：材料的选择（种类和粒径）、配比设计（级配和用量）、施工工艺等方面都要随着应用场合的不同做出相应的改变。国外碎石封层技术应用范围很广，在各等级公路的预防性养护都有所应用。例如，南非碎石封层养护技术手册规定，对于日均交通量不大于 5 万辆标准车的道路都可以采用碎石封层养护；美国加利福尼亚州规定年平均日均交通量（AADT）不大于 4 万辆标准车的道路可以采用碎石封层养护。相比而言，我国的碎石封层技术起步较晚，发展还不是很成熟，因此该技术一般只能用于低等级道路。

　　国外很多专家和学者对碎石封层的耐久性进行了比较详细的研究。例如，沥青的种类与性能对碎石封层耐久性产生很大的影响。初期黏结性限制了开放交通的时间；沥青的老化速度和黏结力的大小对使用过程中碎石的脱落起到关键作用；在原路面表面形成的沥青膜增强了封层抵抗水损害的能力，如果沥青中含有较多的亲水基，容易造成封层的水损害。Peter E. Gibel 和 Stephen Faison 对结合料进行了细致的研究，结果表明碎石的粒径、针片状指数、吸水率和形状对碎石封层的空隙率有很大影响，进而影响结构的路用性能和耐久性。碎石封层在使用过程中的损害主要表现为碎石的脱落和抗滑性能的降低。碎石在使用过程中的脱落主要是由于沥青与碎石的低温黏结性能不够引起的，美国的 B. S. C. E. Barisyazgan 认为改进的 vilait 可以很好地评价碎石与沥青的黏结性能，他以 vilait 实验为基础，通过改变实验的温度和小球下落高度（冲击能量），很好地反映了影响沥青与碎石的黏结性的因素；构造深度和摩擦系数的降低影响了路面的抗滑性能，引起性能衰减的因素有很多，荷载、温度起到主要作用，结合料的性能也对其变化的速度有一定的影响。构造深度与摩擦系数的测量试验在国内已经相当成熟，可以很好地反映碎石的嵌入深度和抗滑性能。

　　随着我国公路建设的迅速发展，道路养护的问题也越来越严重，碎石封层技术在世界范围内广泛被应用。同步碎石封层技术由法国赛格玛 SECMAIR 公司发明并于 2002 年由埃盟泰国际有限公司引入中国。

　　碎石封层技术已经被国内道路养护工程广泛应用，取得了大量的研究数据和设计经验，并成功引进纤维碎石封层技术。但由于缺乏详细的相关技术规范，大部分都是在参考国外资料的基础上结合我国实际情况进行设计研究，例如辽宁省出台了《辽宁省碎石封层施工技术规范》；另外我国地域辽阔、交通量迅速增大、负载增加等，这就导致了我国的碎石封层较早地出现了路面损坏现象,路用性能和使用寿命相对国外大大降低。国内对碎石封层耐久性的研究还处于初步阶段,并未进行深入研究,但可以借鉴国内已有的对路面封层养护技术耐久性的研究成果。

1.2 主要研究内容与方法

本书在对西藏农村公路实地调查和资料调查的基础上,整理并分析数据,提出西藏公路沥青气候分区,对交通组成进行分析,对交通量进行分级,对各区域土质进行调查得出土基强度,结合以往建设经验和西藏农村公路现有路面损害状况,根据路面设计规范得出适用于西藏农村低等级交通量的典型路面结构,并对施工工艺提出建议,对质量控制措施提出注意要求。

1.2.1 主要研究内容

(1) 国内外农村公路路面结构的调查研究。

对现行低等级公路的技术标准进行分析比较,在全国范围内调研部分省市和地区的公路工程技术标准,研究常用的典型路面结构与材料;调研国内外农村公路典型路面结构,分析比较常用典型结构的优缺点。

(2) 西藏农村路况调查研究。

首先对西藏各行政区域内农村公路的建设情况和典型路面进行调查,了解西藏农村公路的现有路面结构和出现的路面损坏情况。对具有代表性的农村公路存在的破损状况及路面使用性能着重分析研究。

(3) 西藏农村低等级公路典型简易路面结构的提出。

结合西藏地区海拔高、昼夜温差大等特殊自然环境条件,从控制施工成本、简化施工流程的角度提出适用于西藏地区的农村低等级公路典型简易路面结构。

(4) 西藏农村低等级公路典型路面结构与材料参数的优化。

分别对典型简易路面结构中的基层与面层参数进行分析;对水稳基层的级配范围、集料最大粒径和水泥用量等参数进行优化;分析面层结构中,对聚丙烯非织造防裂基布的使用参数、黏层沥青的应用种类及用量、同步碎石封层中沥青及碎石的使用进行优化选择。

（5）西藏农村低等级公路典型简易路面结构的适应性分析。

针对西藏地区的低温环境、昼夜大温差、融雪浸水、地面高温等特殊环境，采用表层脱石率以及层间黏结性能作为表征指标，研究典型简易路面结构在西藏地区的适应性。

（6）西藏农村低等级公路典型简易路面结构的施工技术方案研究。

选择具有代表性路段，采用上文确定的各项结构与材料参数，铺筑试验路。同时对典型简易路面结构的施工工艺进行优化，并对关键技术进行系统研究。

1.2.2 研究方法

（1）文献调研。

通过网络文献和书籍对国内外农村公路路面典型结构的设计方法、材料使用进行了解掌握，总结适用于西藏农村公路的技术知识和可能存在的问题。

（2）西藏农村公路调研。

调研时对典型的能代表西藏农村公路路面结构的路段进行重点调查，着重对路面结构使用性能和路面破损状况进行调查并分析可能产生的原因。对自然气候、交通量及组成和土基强度的调查询问当地公路部门，并进行实地调查。

（3）室内试验。

提出典型简易路面结构，并对涉及的材料参数、结构参数进行优化试验分析。

（4）铺筑试验路。

根据经验和设计法提出的理论是不是符合西藏当地情况，用铺筑试验路来验证，并提出施工工艺和质量控制措施。

第 2 章 西藏农村低等级公路现状调查及典型简易路面结构选择

2.1 调查目的和意义

公路典型路面结构的研究前期准备便是路况的调查,为了全面地了解和掌握西藏自治区农村公路目前的路用性能和存在的问题,须对西藏地区农村公路的路面现状进行调查。通过对西藏现有农村公路的调查研究,收集相关道路的详细资料,例如路面结构形式、路面所使用材料、路面病害、交通量和交通组成情况及土基强度,为西藏农村公路典型路面结构的研究提供可靠的对比参照和分析资料,以避免路面结构设计时的盲目性。

2.2 调查内容和方法

2.2.1 调查内容

本书先调研了西藏农村公路建设情况,然后选取典型农村地区进行路面调查,着重调查路面结构、路面结构使用情况、出现的主要病害和原因,最后提出西藏农村公路建设发展存在的问题。

2.2.2 调查方法

(1)查阅相关资料信息,了解西藏全区的自然条件和地理条件概况。
(2)通过走访各区公路局、公路段,获取相关资料。
(3)对代表性地区进行实地调研,并了解交通组成和交通安全设施的情况。
(4)对西藏富有的筑路材料分布情况和在实际应用中的情况实地调查。
(5)对农村公路情况做调查表格,发放至各行政区公路局,收集各区农村公路的建设、使用现状及交通量、交通组成资料,详细了解当地农村公路的材料使用情况及交通现状。

2.3 环境条件与筑路材料

2.3.1 地理位置

西藏位于中国的西南边疆，青藏高原的西南部。北与新疆维吾尔自治区和青海省毗邻，东与四川省相望，东南与云南省相连；南边和西部与尼泊尔、不丹、印度、缅甸等国和克什米尔地区接壤，形成了中国与上述国家和地区边境线的全部或一部分，全长 4 000 多千米。全区总面积为 120.28 万平方千米，约占全国总面积的 $\frac{1}{8}$。

2.3.2 地形、地貌

青藏高原是世界上隆起最晚、面积最大、海拔最高的高原，因而被称为"世界屋脊"，被视为南极、北极之外的"地球第三极"。青藏高原总的地势由西北向东南倾斜，藏北高原海拔 4 500～5 000 m，藏南谷地海拔 1 000 m 以下。地形复杂多样、景象万千，有高峻逶迤的山脉、陡峭深切的沟峡以及冰川、裸石、戈壁等多种地貌类型（见图 2.1）；有分属寒带、温带、亚热带、热带的种类繁多的奇花异草和珍稀野生动物，还有垂直分布的"一山见四季""十里不同天"的自然奇观等。西藏高原位于青藏高原的主体区域。

图 2.1　西藏地区典型地形与地貌

西藏地貌基本上可分为极高山、高山、中山、低山、丘陵和平原等6种类型，还有冰缘地貌、岩溶地貌、风沙地貌、火山地貌等。西藏按地貌分区大致分为喜马拉雅山区、藏南山原湖盆谷地区、藏北高原湖盆区和藏东高山峡谷区。

喜马拉雅高山区位于西藏南部，由几条大致东西走向的山脉组成，平均海拔 6 000 m，如图 2.2 所示。其中位于中尼边境、地处西藏定日县境内的珠穆朗玛峰，海拔 8 848.86 m，是世界最高峰。喜马拉雅山顶部长年覆盖冰雪，其南北两侧的气候与地貌有很大差别。

图 2.2　喜马拉雅山区

藏南山原湖盆谷地区，位于冈底斯山脉和喜马拉雅山脉之间，即雅鲁藏布江及其支流经过的地方。这一带有许多宽窄不一的河谷平地和湖盆谷地（见图2.3），如拉萨河、年楚河、尼洋曲等河谷平地。谷宽一般为 5～8 km，长为 70～100 km。地形平坦，土质肥沃，沟渠纵横，富饶而美丽，为西藏主要农业区。主要的湖盆谷地有札达盆地、马泉河宽谷盆地、喜马拉雅山中段北麓湖盆地、羊卓雍错高原湖泊区等。

藏北高原湖盆区，位于昆仑山、唐古拉山和冈底斯山到念青唐古拉山之间，包括南、北羌塘山原湖盆地和昆仑山区，约占西藏面积的 2/3。由一系列浑圆而平缓的山丘组成，丘顶到平地，相对高差只有 100～400 m。其间夹着许多盆地，低处常潴水成湖，"羌塘"为西藏主要的牧业区，如图 2.4 所示。

图 2.3　山原湖区及盆地

图 2.4　西藏羌塘地区

藏东高山峡谷区，即著名的横断山地，如图 2.5 所示。大致位于那曲以东，为一系列东西走向逐渐转为南北走向的高山深谷，其间夹持着怒江、澜沧江和金沙江，简称东部三江。地势北高南低，地貌复杂，从西往东由伯舒拉岭、他念他翁山和芒康山组成。该区北部海拔 5 200 m 左右，山顶平缓；南部海拔 4 000 m 以下，山势比较陡峻，顶谷高差可达 2 500 m。山顶为终年不化的白雪，山腰茂密的森林与山麓四季常青的田园，构成了南部峡谷区奇特的景色。

图 2.5　西藏峡谷地区

2.3.3　气候、水文特征

由于西藏高原奇特多样的地形地貌和高空空气环境以及天气系统的影响，形成了复杂多样的独特气候。除呈现西北严寒干燥、东南温暖湿润的总趋向外，还有多种多样的区域气候以及明显的垂直气候带，具体特征如下：

（1）空气稀薄，气压低，氧气少。海平面在 0 ℃ 气温条件下空气的密度是 1 292 g/cm^3，标准气压是 1 013.2 Pa。平原地区空气密度与气压值与海平面相差无几。而位于西藏高原的拉萨市（海拔 3 658 m），空气密度为 810 g/m^3，年平均气压 652 Pa，分别是平原地区的 62.64% 和 64.35%，比平原地区少或低 1/3。平原地区氧气比较充足，空气中氧气含量为 250 ~ 260 g/m^3，西藏高原氧含量仅为 150 ~ 170 g/m^3。夏季气温最低的地方，其中尤以藏北为最，夏季 7 月气温大面积低于 8 ℃。

（2）西藏是我国太阳辐射能最多最强的地方，比同纬度的平原地区高出

30%~50%。西藏的日照时数也是我国的高值中心,太阳总辐射值居我国之冠。拉萨市每平方米地面全年接受太阳辐射 19 500 kCal,相当于 230~260 kg 标准煤燃烧时所产生的热量。拉萨市全年日照时数达 3 021 h,故有"日光城"之称。由于太阳辐射强,所以紫外线也特别丰富。拉萨太阳辐射紫外线波段(小于 400 nm)的绝对通过量是平原地区的 2.3 倍。在强烈的紫外线辐射下,平原地区许多常见的病菌在这里难以生存、繁殖,因此生活在西藏的人患皮肤病和伤口感染的很少。

(3)气温偏低,年温差小,但昼夜温差大。从温差角度看,西藏气温年较差小、日较差大的特点特别明显。拉萨、昌都、日喀则等地的年较差为 18~20 ℃,而纬度相近的武汉、南京是 26 ℃。年平均日较差大,拉萨、昌都、日喀则等地为 14~16 ℃,而成都、长沙、南昌仅为 7 ℃。定日县的日较差达 18.2 ℃,约为纬度相近的南昌的 2.5 倍。阿里地区海拔 5 000 m 以上的地方,夏季 8 月白天气温可达 10 ℃ 以上,夜间气温降至 0 ℃ 以下。地处雅鲁藏布江谷地的拉萨、日喀则等地,六月份中午最高气温可达 27~29 ℃,给人以盛夏的感觉;傍晚气温下降,人们又有秋凉之感;午夜气温降至 5 ℃,整夜都要盖棉被;翌晨日出后,气温回升,又给人以春意,真是"一年虽四季,全年备寒装"。

(4)各地降水的季节分配不均,干季和雨季分明,多夜雨。由于冬季西风和夏季西南季风的源地不同,性质不同,控制的时间不同,致使西藏各地降水的季节分配非常不均,干季和雨季的分别非常明显。

每年 10 月至翌年 4 月,西藏高原上空为西风急流,地面为冷高压控制,干旱多大风,低温少雨雪,降水量仅占全年降水量的 10%~20%,如拉萨 10 月至翌年 4 月降水量只占全年降水量的 3%,故被称为干(旱)季或风季。

5 月至 9 月,高原近地面层为热低压控制,西南季风登上高原。在它的支配下,西藏各地雨量非常集中,一般都占全年降水量的 90% 左右。藏南各地以夜雨为主,可占雨季降水量的 80% 以上。除东南一隅外,其他各地冰雹、雪、霜等固态降水任何季节均可出现。降雪中心在嘉黎、丁青、那曲、安多、班戈一带,年降雪 50~90 天,很容易造成雪灾,危害草原畜牧业生产。多雷暴中心在索县附近,年均雷暴日数在 90 天以上,拉萨、日喀则为次中心,在 70 天以上。冰雹则以那曲为中心,包括索县、安多、班戈、申扎等地,年平均冰雹日数在 30 天以上。

（5）气候类型复杂、垂直变化大。在藏东南和喜马拉雅山南坡高山峡谷地区，自下而上，由于地势迭次升高，气温逐渐下降，气候发生从热带或亚热带气候到温带、寒温带和寒带气候的垂直变化。西藏各区域的气候类型具体如下：

藏东南和喜马拉雅山南坡海拔 1 100 m 以下的地区属于热带山地季风湿润气候。这里最暖月平均气温在 22 °C 以上，最冷月平均气温在 13 °C 以下，比同纬度的我国东部地区还高。年降水量 2 500 mm，个别地方达 4 495 mm，是西藏降雨最多的地区，也是全国多雨地区之一。

喜马拉雅山以北，冈底斯山和念青唐古拉山以南的雅鲁藏布江谷地，海拔 500～4 200 m，属于高原温带季风半湿润、半干旱气候。最暖月平均气温 10～18 °C，年降水量 400～800 mm。

冈底斯山—青唐古拉山以北藏北高原南部湖盆地区，海拔 4 200～4 700 m，属高原亚寒带季风半干旱和干旱气候。最暖月平均气温 6～10 °C，年降水量 100～300 mm，是西藏的大草原，以牧业为主。

藏北高原北部海拔 4 700～5 500 m 的地区，属高原寒带季风干旱气候，最暖月平均气温在 6 °C 以下，年降水量 100～150 mm，是广阔的天然牧场。海拔 5 500 m 以上的地区，终年积雪，是一片晶珠碎玉般的冰雪世界。

2.3.4 筑路材料

通过对西藏农村低等级公路材料的调查，我们发现西藏地区的天然砂砾筑路材料资源丰富，在查阅资料和调查的基础上，对其分布和特性进行了整理和分析，见表 2.1 至表 2.3。

表 2.1 天然砂砾石的主要分布

分布区域	主要天然砂砾种类
那曲、昌都北部	砂岩、页岩、片麻岩
阿里	砾岩、砂砾岩
拉萨、日喀则、泽当	砂砾石
定日、聂拉木、帕里、错那	卵砾、砂土、粉砂
林芝、波密、察隅、横断山脉	变质岩、板岩

表 2.2 天然砂砾石的主要矿物成分及特性

矿物成分	特性
石灰石	深灰色、灰色，节理发育，有方解石脉，硬度大，致密坚硬
中粒砂岩	深灰色，含石英和方解石，硬度大，致密坚硬
粗粒砂岩（灰白色）	灰白色，以石英为主，颗粒磨圆度差，有层理
粗粒砂岩（铁红色）	以石英为主，含铁质，有层理
细砂岩	层理发育，以石英、长石为主，含白云母碎片
白云岩	灰白色，致密坚硬

表 2.3 砂砾石物理参数

成分	石灰石	中粒砂岩	粗粒砂岩（灰白色）	粗粒砂岩（铁红色）	细砂岩	白云岩
含量/%	72.65	13.4	2.05	2.05	1.55	9.15
Mad/%	0.27	0.14	0.26		0.88	0.32
真密度/(g/cm^3)	2.66	2.93	2.72		2.67	2.66
视密度/(g/cm^3)	2.63	2.87	2.60		2.50	2.60
孔隙率/%	1.29	2.05	4.41		6.24	2.26

注：Mad 指样品烘 24 h 后的含水率。

从以上的分析来看，无论是哪种成分的砂砾石，有一个共同的特点是：视密度较大，孔隙率及砂砾石本身的含水量很小。砂砾石的这些特点表明：就单个砂砾石来说，自身具有很大的强度，而砂砾石组成的混合料则具有较小的压缩性。这些特点表明，砂砾石是一种较好的路用材料。

2.4　西藏农村公路现状调研

2.4.1　西藏农村公路常用路面结构

根据地理位置及使用功能的不同，对有代表性的农村公路进行资料查阅和现场调研，所选农村公路分布在各地区或者地级市，且包含通县公路、通乡公路、通村公路和通寺公路，具备一定的代表性。调查结果如表2.4所示，常见路面类型有沥青路面、水泥路面、砂石路面，如图2.6所示。

表2.4 西藏农村公路结构调研

调研地	考察公路	道路宽度/m	路面结构组合
萨嘎县	三级 通县公路	4.5	4 cm 沥青混凝土 20 cm 水泥稳定碎石 15 cm 级配砂砾
普兰县	四级 通乡公路	4.5	泥结碎石 18 cm 级配碎石 16 m 天然砂砾
日土县	四级 通村公路	4.5	碎石路面 18 cm 级配砂砾 15 cm 天然砂砾
拉孜县	三级 通寺公路	5	碎石路面 15 cm 天然砂砾
吉隆县	四级 通乡公路	4.5	块料路面 15 cm 天然砂砾
措勤县	四级 通乡公路	5	水结砾石 16 cm 级配砂砾

（a）沥青路面

（b）水泥路面

（c）砂石路面

图 2.6　常见路面类型

对西藏典型农村公路的调查可知，西藏农村低等级公路主要分为通县公路、通乡公路、通村公路和通寺公路，等级主要为三级和四级。路面类型主要有三类，即沥青路面、水泥路面、粒料类路面。具体分析如下：

（1）对西藏农村低等级公路的调查，我们可以看出大部分结构组合基本是合理的。面层通常采用较薄的沥青面层或水泥混凝土面板；基层采用无机结合料稳定集料，交通量极小的路段采用了天然砂砾等粒料基层；垫层采用天然砂砾。

（2）西藏农村公路有部分在设计上没有很好地体现交通量和轴载的要求。例如芒康县的三级通乡公路和索县的四级通村公路交通量水平不同，道路组成采用同样的结构组合与厚度，使得在通村公路这类交通量极小的路段上造成很大的浪费，而对重载较多、交通量较大的路段又满足不了结构承载力的要求，出现过早破坏。

(3)路面材料基本选择利用当地的天然砂砾,但是部分农村公路路面材料类型的设计没有充分考虑西藏独特的环境特点,如多年冻土区路面原则上不宜选用刚性或者半刚性材料,参照《公路水泥混凝土路面设计规范》,如要选择,需对因路基融沉导致路面结构产生的附加内力进行验算,调查时我们发现有些道路不符合要求。

(4)从控制工程造价和节约耕地、保护自然资源的角度出发,西藏农村低等级道路很多选择在老路基上修筑,这部分路基的强度一般在 55~70 MPa,具有很好的承载能力,较大程度地减小了路面结构的厚度,降低了工程造价,但是农村公路对线形标准要求不高,因此出现很多零填方路基。农村公路中对这部分路基的排水措施采取得还不够,造成路基路面结构内湿度过大,承载能力下降。

2.4.2 路面病害调查结果及分析

1. 沥青路面

路面病害调查表明,西藏地区公路沥青路面的主要病害有以下几种类型:车辙、裂缝、坑槽。

(1)车辙。

车辙是在行车荷载的反复作用下,路面产生累积永久变形的带状凹槽。夏季的西藏地区日照强,地面温度较高,由于车轮的反复作用,荷载应力超过沥青混合料所能承受的稳定性应力极限,车辙病害如图 2.7 所示。

图 2.7 车辙病害

（2）裂缝。

① 横向裂缝。

横向裂缝是基本上垂直于行车方向的裂缝。西藏农村地区的横向裂缝主要有温缩裂缝和反射裂缝两种。当夏季高温天气突然降雨或寒流袭击时，气温骤降，沥青面层的应力松弛性能降低，所产生的温度应力积累大于沥青混合料的极限抗拉强度，导致沥青路面开裂。此种温缩裂缝的产生与温度的变化和沥青的性质密切相关，横向裂缝病害如图2.8所示。

图2.8 横向裂缝病害

② 纵向裂缝。

在西藏地区，纵向裂缝产生的原因有：在填挖方交界处，由于路基压实度不足，地基和填土在横向不可避免的不均匀性所造成的；在旧路拓宽地段，由于土质台阶处理不规范，分层填筑厚度及压实控制不好，当受水侵入后产生不均匀沉降造成；沥青面层分幅摊铺时，两幅接合处未能处理好，在行车荷载的作用下，往往形成纵向裂缝，纵向裂缝病害如图2.9所示。

③ 网状裂缝。

网状裂缝是由单根裂缝发展引起的。在沥青路面开始出现裂缝后未能及时封缝，致使水分渗入下层，导致路面整体强度不足，加剧了网裂的发展。沥青在施工期间以及在长期使用过程中的老化也是导致沥青路面形成网裂的原因之一，网状裂缝病害如图2.10所示。

图 2.9 纵向裂缝病害

（3）坑槽。

沥青路面在水的作用下，沥青与集料的黏结力逐渐丧失，沥青逐渐从集料表面脱落，在车辆的作用下沥青面层呈现出松散状态，以致集料从路面脱落形成坑洞。产生坑槽的另一种可能性是由于施工中沥青混合料加热温度过高，导致沥青老化而失去黏结力最终导致坑洞，坑槽病害如图 2.11 所示。

图 2.10　网状裂缝病害

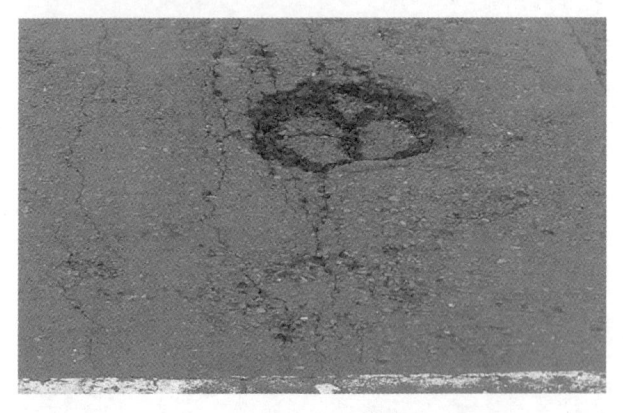

图 2.11　坑槽病害

2．水泥路面

（1）断裂。

路面板内的应力超过混凝土强度会出现横向、纵向、斜向或板角的拉断或折断裂缝。严重时，裂缝交叉而使路面板破裂成碎块。其原因是多方面的，如板太薄或轮载过重和作用次数过多、板的平面尺寸太大、地基下沉过量或不均匀下沉使板底脱空失去支撑、施工养护期间收缩应力过大或混凝土强度不足等。断裂的出现，破坏了板的结构整体性，使板丧失应有的承载能力，断裂病害如图 2.12 所示。

图 2.12 断裂病害

（2）碎裂。

在接缝附近数十厘米范围内的板因受挤压而碎裂。胀缝内的滑动传力杆排列不正或不能正常滑动，缝隙内有混凝土搭连或落入坚硬的杂屑等，使路面板内的伸胀受到阻碍，在接缝处边缘部分产生较高的挤压应力而剪裂成碎块，碎裂病害如图 2.13 所示。

图 2.13 碎裂病害

（3）错台。

错台是指接缝或裂缝两侧路面板端部出现的竖向相对位移。横缝处传荷能力不足，车轮经过时相邻板端部会出现挠度差，使沿缝隙下渗的水带着基层被冲蚀的碎屑向后方板下运动，把该板抬起。胀缝下部填缝板与上部缝槽未能对齐，或胀缝两侧混凝土壁面不垂直，使缝旁两端在伸胀挤压过程中，会上下错位而形成错台。错台的出现，降低了行车的平稳性和舒适性，错台病害如图2.14所示。

图 2.14　错台病害

3．粒料路面

（1）松散。

由于材料的黏结力不够、拌和不均匀、碾压不实等原因，容易出现松散等现象，表面碎砾石或者其他粒料呈现无黏聚状态，松散病害如图2.15所示。

图 2.15　松散病害

（2）坑槽。

由于混合料中细料过多、塑性指数过低，或者由于施工时拌和不均匀、碾压不均匀，没有及时扫除松散粒料和进行平整等原因，造成路面出现坑槽，坑槽病害如图2.16所示。

图2.16 坑槽病害

2.5 西藏农村低等级公路路面典型简易结构

西藏地区公路沥青路面典型结构是在我国现行的公路沥青路面设计理论和设计规范指导下，充分考虑西藏地区的气候、土壤、地质和水文条件等各种自然因素对沥青路面的影响，结合当地的筑路材料来源、交通条件、路基条件和经济发展条件，提出合理的路面结构形式，最终制订适应于西藏地区沥青路面典型结构标准图。

采用推荐的路面典型结构，可以避免设计人员在设计过程中的随意性和盲目性，使设计人员容易掌握。同时设计的路面具有良好的使用性能和应有的使用寿命，使车辆行驶能够在设计使用期内具有快速、舒适、安全和畅通的特点，更好地保证通行能力。

2.5.1 西藏常用路面结构形式分析

交通运输部在农村公路建设当中一直鼓励和提倡各地"因地制宜、就地取材，鼓励采用多种路面结构"。西藏农村公路建设资金属国家全额投入，地方财力有限，筹措困难大。利用有限的资金和丰富的地方材料，合理进行路面结构设计具有重要的现实意义。可根据道路实际情况，依据交通量发展前景以及路面使用年限，选择合理的路面结构方案。各结构层厚度，有条件时应按规范进行计算确定。路面结构应尽可能与当地环境、筑路材料资源、经济发展水平相适应。可参照《农村公路建设标准指导意见》，在有条件的地区提倡采用沥青混凝土路面和水泥混凝土路面；一般地区可采用沥青灌入式、沥青碎石、沥青表面处治、石块、混凝土块、砖块等类型路面；分期修建的工程可采用砂石、贫混凝土砂砾等类型路面；季节性的宽浅河流、泥石流路段上可修建过水路面；山势险峻、急弯、陡坡路段应采用摩阻系数较大的路面；潮湿和过湿路段不应采用砖铺路面；积雪冰冻地区，公路等级较低的路段不宜采用沥青路面和水泥路面，宜修建砂石路面。各结构层厚度，有条件时按规范计算确定，受条件限制的，可适当降低。

1. 沥青路面结构

（1）封层技术。

① 选用依据：封层是在面层或基层上铺的沥青封面，能起到封闭表面空隙、防止水分侵入面层或基层的作用。在其上发展出来的碎石封层、稀浆封层、纤维封层等路面处理技术高效、经济，所使用沥青量很少，是世界上所有道路技术中最经济的一种，在世界公路界中尤其是中等及低交通量的道路路面封层上的应用领域相当丰富。在法国有40%以上的公路就是直接采用碎石封层作为路面，目前使用效果良好。

② 选用背景：西藏作为"最后一片蓝天净土"，其原生态的环境是国家珍贵的资源。农村公路为发展农牧区经济创造条件的前提就是环境不容被破坏。在西藏的农村公路建设和养护中应不遗余力地将生态化建设、环保型建设作为首要理念。因此封层技术的能耗较低适应西藏环保生态的理念，较好的防水性可以避免雨雪天气引发病害，是节省能源、保护环境的有效途径。加之其性价

比高,可以缓解西藏农村公路建设资金严重不足的压力,又是提高路网铺装率行之有效的措施,下一步将在施工工艺的完善、施工经验的积累、施工材料的研究方面探索更适合西藏实际的发展思路。

③ 作用机理:同步碎石封层,同步铺洒黏结材料和石料,使黏结料与碎石即时结合,增加了相互裹覆面积,从而确保黏结料和石料之间稳定的比例关系,达到了牢固结合。稀浆封层是常温下将乳化沥青、级配矿料、填料、水及添加剂按一定的比例拌成的混合料,具有流动性和渗透性,形成厚为 2~3 mm 的路面薄层(聚合物改良稀浆封层厚度可达到 50 mm),起到防水、防滑、耐磨、整平及恢复路面使用功能的作用。

④ 路面特点:施工速度快,工序简单,可即时限速开放交通,具有施工速度快、用料较少、造价相对低、环境污染少的优点。稀浆封层技术在沥青路面、砂石基层、水泥路面上均可使用,经济效益和社会效益显著。一是加铺在砂石路面上作为磨耗层,可使其外观具有沥青路面的特征,提高路面的抗磨耗性能,防止扬尘泥泞,改善行车条件。二是加铺在水泥混凝土路面上,利用其与水泥混凝土良好的附着性,可改善路面的外观,提高路面的平整度,减少噪声,增加行车的舒适性,延长水泥混凝土路面的使用寿命。三是加铺在半刚性基层上,配合微表处技术,有助于防水、应力吸收和界面保护,是适合中小交通量的乡村公路路面结构形式。

(2) 沥青混凝土路面、沥青碎石路面适用于经济发达如拉萨及周边的农村公路建设。一般采用热拌沥青混合料,这种面层结构和施工工艺能较好地控制油石比、厚度、密实度和平整度,无须返油和成型期,施工期可延长到 10 月底。施工要点:洒水清扫,矿料采用 3 cm 厚细粒石拌和料,能满足封水和油面稳定耐磨耗的要求。用机械拌和摊铺,拌合料的级配要符合要求,矿料中细集料的比重要大,因细集料不足就会导致孔隙率大,碾压后达不到油面层的密实要求。拌和时关键是要控制好油石比和拌和温度,温度太低则矿料与沥青混合不均匀,碾压时沥青混合料延展性差,难以碾压密实。温度太高会出现沥青老化而延度降低,甚至烧焦变为废料。出炉温度控制在 150~160 ℃ 为宜。摊铺后及时碾压,温度高,拌合料的延展性最好,碾压容易密实,压路机最好用钢轮压路机。

其他地广人稀、交通量少的地区农村公路沥青路面一般按次高级标准建设,如沥青表处、沥青灌入式及沥青石屑等。对于老路为稳定的砂石路面或泥灰结石路面时，对病害进行处理后，沥青路面可采用单层或双层表处加铺不小于 3 cm 厚的沥青路；原路面为稳定的沥青表处时，可直接加铺 3~4 cm 厚沥青路；老路为路基稳定的土路时，可加铺不小于 15 cm 水泥稳定碎石或二灰碎石，采用沥青下封或表处后，可直接加铺不小于 3 cm 厚的沥青混凝土。有条件的，也可采用水泥稳定碎石，上加沥青微表处结构。

2. 水泥混凝土路面结构分析

农村地形高低起伏、村舍建设随意性大，公路一般是由自然形成的，经过人为的行走或车辆的碾压而成的土路便道，雨雪后易积水、排水不畅。而水泥混凝土路面在通村公路及支线公路等低等级道路中具有独特的优点，在全国村际道路的建设和改建工程中，应用广泛，其作用不可替代。村道交通量极小，重车少，一般只行驶农用车辆，从实际适用角度，水泥混凝土路面既可缓解建设资金相对缺乏的压力，又可提高畅通率。因其刚度大、整体性好、密实度高，只要在施工中能很好地控制路基的质量，就能保证在农村的环境中有较好的使用性能，尤其是在排水不畅、雨雪后村中积水严重的地方。水泥混凝土路面可以克服沥青路面会出现的以下问题：夏季高温车辙、水损坏；冬春季冻胀和翻浆、施工工艺较难控制；需要专业的拌和场，试验检测项目繁多，试验设备和检测费较高等。

3. 其他路面形式分析

（1）砖路。

西藏那曲、阿里等地有很多是荒漠、沼泽地形，全是软弱土层，沼泽地下去几米甚至几十米都找不到好的土层，几十千米甚至几百千米都没有砂料、水泥石灰等筑路材料。采取换填砂石料的方法，受造价所限，只能局部小范围处理，建成的路仍然存在波浪拥包严重的问题，效果还不如利用已沉降稳定的老路基上加铺新面层的公路行驶性能好。采用挤密桩等处理又远远超出了农村公路目前的造价。不彻底处理好软弱基层问题，修建铺装路面根本谈不上。经过多年的建设经验，因地制宜修建砖路成为破解缺少砂石材料地区发展农村公路的有效途径。砖路在那曲西部等地能铺装成功，一是在允许的造价范围内从根本上解决了长里程沼泽地病害的处理问题，使用年限较长，满足了小交通量的实际情况，最大限度地保证了通车行车；二是节约了建设成本，砖的造价较低，砂石、水泥的用量大大减少，运距成本很低，加之施工技术简单，可以充分利用农牧民队伍,大大降低了建设成本;三是养护简单,易于操作,主要是换砖,且便于后期改造。

(2)轮迹路面。

轮迹路面是指在路基全宽范围内,仅在行车轮迹作用频率较高的轮迹带上做成一定的硬质铺面的一种路面结构形式。交通运输部于 2007 年同意将轮迹路面中间带采用石质、砖铺或预制块等铺面的,纳入通畅统计范围,其他结构的轮迹路面可以纳入通达的统计范围。轮迹路面施工简单、便于农牧民参与、成本低,能有效解决无石材地区农村公路建设问题,使用性能基本达到沥青或水泥路通车服务水平,同等宽度下轮迹路面造价仅为沥青路面的 1/10,比水泥混凝土路面节省 30%~40%,经济效益很明显,一定程度上可解决农村公路建设资金不足、材料缺乏等问题。其结构形式灵活多样,有利于保持优美的乡村景观和环境,为植被、昆虫和微生物提供了可供栖息的屏蔽场所,可以有效地保护动植物群落,保证湿地的环境以及水系不被破坏,特别是有利于青藏高原的生态环境保护。

由于砖路面和轮迹路面适用于年降雨量少、交通量小,且重载车辆少的通村公路,在推广应用该类路面结构时,应把握好应用条件,加强质量监管,严格加强工程验收,确保建设质量,同时,注重环境保护与土地资源的综合开发利用。

(3)弹石、条石路面。

弹石路面是在砂垫层铺砌经过粗凿的试块,通过嵌缝填隙压实,成为一种坚固耐久、清洁少尘,适合中重型车辆通行,易于翻修、养护,投资较少,技术简单,方便群众建设的一种路面,适合在石料丰富的山区公路铺砌,也可在道路急弯地段、新施工的公路或在老路面上加铺。西藏昌都、林芝属山区,路急弯陡,雨季较多,大多选用了弹石路面。

(4)砂石路面。

在西藏大部分乡村目前只能满足通达的现状,砂石路面是最为普遍的路面结构形式,用风化石作为垫层、天然砂石铺砌。

2.5.2　典型简易路面结构的提出

1. 防水抗裂简易路面结构

(1)典型简易路面结构如图 2.17 所示。

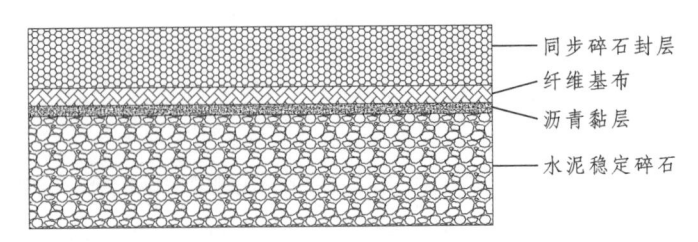

图 2.17　典型简易路面结构

（2）典型简易路面结构的使用材料见表 2.5。

表 2.5　典型简易路面结构的使用材料

结构层	材料
同步碎石封层	沥青
	碎石
防水抗裂黏层	聚丙烯非织造布
黏结剂	沥青
基层	水泥稳定碎石

根据前文分析，我们推荐以上路面结构作为西藏农村典型简易路面的结构形式。同步碎石封层作为面层应用于农村公路已经广泛应用于法国、德国等发达国家，具有施工方便、造价低、工期短等优势；聚丙烯纤维非织造基布在路面封层中应用较为广泛，既可以起到对上层沥青混合料进行加筋的作用，还可以作为防水层。

2．特点及分析

（1）防裂作用。

土工基布对张开型反射裂缝以及疲劳损伤裂缝具有明显的预防作用。

（2）防水作用。

土工基布与热沥青黏层共同铺设于同步碎石封层与水稳基层之间，可以较好地阻止水分渗入。

（3）施工快捷。

在水泥稳定碎石养护完毕并成型后，黏层沥青的撒布和纤维基布的摊铺均为机械操作，速度可控制在 5 km/h，同步碎石封层运行时，沥青和碎石同步撒布，整体运行速度也能达到 5～10 km/h。整体施工速度快捷、简便。

（4）造价较低。

主要施工机械包括同步碎石封层车、基布摊铺车和压路机。不需要拌和楼、沥青混合料运送车等大型设备，造价降低。

由于典型简易路面结构在应用中具有的各项优势，为西藏地区的农村低等级公路建设提供了更优的选择。但由于西藏地区自然条件特殊，需要对该结构的适应性进行试验分析，研究适用于西藏地区的碎石封层材料、黏层沥青、水泥稳定碎石参数。

第3章 典型简易路面结构基层参数优化

3.1 概述

在我国各等级公路的建设中,半刚性材料常被用作路面的基层材料,并在公路建设中发挥着重要作用。在这些材料中,水泥稳定碎石基层具有较高的强度和承载能力,主要表现为较高的抗压强度、刚度以及一定的抗弯拉强度,且各项强度指标随龄期呈不断增长趋势。水泥稳定碎石基层可以提高面层抵抗车荷载疲劳破坏的能力,具有较高的稳定性。

当用于低等级公路典型简易路面结构时,水泥稳定碎石与基布之间需要具有较高的黏结性能。在水泥掺量与集料配合比不同的条件下,水泥稳定碎石与基布之间的黏结性能也随之不同。现有的规范及施工经验侧重于通过强度来控制水泥掺量与集料配合比,而在典型简易路面结构中,黏结性能决定了路面质量的耐久性。本章将通过室内试验研究集料配合比对黏结性能的影响,进而确定典型简易路面结构中水泥稳定碎石的最优配比。

3.2 试验方案

3.2.1 试验思路

本书通过研究水泥稳定碎石的合理级配,提高典型简易路面结构基层的路用性能。

1. 原材料的选取及性质分析

本书以水泥稳定碎石基层为研究对象,所用集料取自重庆周边某料场的石灰岩,水泥为重庆某水泥有限公司生产的 42.5 普通硅酸盐水泥。按照《公路工程集料试验规程》(JTG 3432—2024)中的有关规定,对集料的物理力学性质和水泥的物理化学性质进行测试。

2. 水泥稳定碎石基层级配的优化

（1）以级配理论为指导，同时根据现行级配设计方法和研究成果，总结集料级配。

（2）通过调整水稳集料的粗细，研究不同粗细程度级配对水稳和面层之间黏结性能的影响。

（3）研究不同水泥用量和集料的最大粒径对水稳与面层之间的黏结性能。

3.2.2 主要试验方法

1. 室内成型方法

参照《公路工程沥青及沥青混合料试验规程》（JTG E20—2011）中的 T 0709—2011 沥青混合料试件制作方法来成型水泥稳定碎石的试件。

（1）确定集料级配。

根据试验需要，调整不同挡集料的配比，确定不同级配石灰岩集料的掺量。

（2）确定最佳含水量和最大干密度。

根据经验选定适宜水泥用量，确定水稳混合料的最佳含水量和最大干密度。

（3）人工搅拌。

根据以上过程确定的级配，按照最佳含水量和最大干密度时的配比选料并进行人工搅拌，如图 3.1 所示。

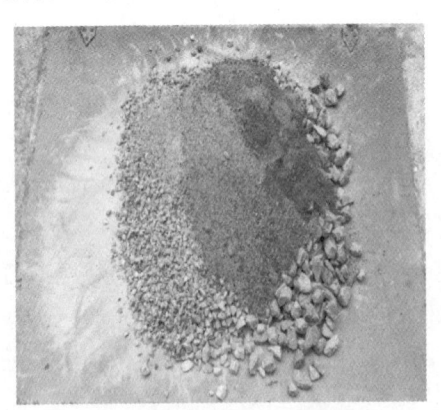

图 3.1 原材料的准备及搅拌

（4）试件成型。

将搅拌均匀的混合料装入 300 mm × 300 mm × 50 mm 的试模中，使用轮碾法将试件碾压成型，如图 3.2 所示。

图 3.2　水稳的碾压成型

（5）脱模并养护。

试件板成型后，在室温条件下放置 24 h 后脱模。将试件在 25 ℃、90%RH 的条件下养护 6 d，并浸水 24 h 后备用，如图 3.3 所示。

图 3.3　成型好的水稳试件

2．无侧限抗压强度试验

水泥稳定碎石的抗压强度是路面结构分析中的一个重要参数，是评价水泥稳定碎石路用性能的一个重要指标，指试样在无侧向压力条件下，抵抗轴向压力的极限强度。在三轴试验中，在不加任何侧向压力的情况下，对圆柱体试样施加轴向压力,直至试样剪切破坏为止。试样破坏时的轴向压强为无侧限抗压强度,如图 3.4 所示。

图 3.4　无侧限抗压强度的测试

现行《公路路面基层施工技术细则》(JTG/T F20—2015)中对水泥稳定碎石混合料应用于各级公路唯一的指标就是混合料 7 d 无侧限饱水抗压强度,而没有采用其他指标,就其作为基层的受力特性来说是必要的,也是必然的。水泥稳定碎石材料的化学反应是要持续相当长一段时间才能完成。因此,在大致相同的环境温度下,水泥稳定碎石的强度都随龄期增长,且增长幅度存在差异。所以,不但要了解其早期强度,还需要了解其发展规律,掌握其潜能,从而才能够真正发挥水泥稳定碎石的优点。

(1)试验步骤。

① 根据试验材料的类型和一般的工程经验,选择合适量程的测力计和压力机,试件破坏荷载应大于测力量程的 20% 且小于测力量程的 80%。球形支座和上下顶板涂上机油,使球形支座能够灵活转动。

② 将已浸水一昼夜的试件从水中取出,用软布吸去试件表面的水分,并称试件的质量 m_4。

③ 用游标卡尺测量试件的高度 h,精确至 0.1 mm。

④ 将试件放在路面材料强度试验仪或压力机上,并在升降台上先放一扁球座,进行抗压试验。试验过程中,应保持加载速率为 1 mm/min,记录试件破坏时的最大压力 P(N)。

（2）计算。

试件的无侧限抗压强度按式（3.1）计算：

$$R_C = \frac{P}{A} \tag{3.1}$$

$$A = \frac{1}{4}\pi D^2 \tag{3.2}$$

式中　R_C——试件的无侧限抗压强度（MPa）；

　　　P——试件破坏时的最大压力（N）；

　　　A——试件的截面积（mm^2）；

　　　D——试件的直径（mm）。

（3）拉拔强度。

① 成型试件。

选择成型的 300 mm × 300 mm × 50 mm 的车辙试件进行拉拔强度测试，将表面的浮土清扫干净并用水清洗，干燥后待用，如图3.5所示。

② 撒布沥青。

将沥青放置在烘箱中加热，至沥青呈流态时取出，在成型好的水稳试件上撒布均匀，如图3.6所示。

图 3.5　成型好的水稳试件　　　　图 3.6　撒布沥青后的水稳试件

③ 铺设基布。

在水稳碎石温度下降之前，将基布放置于已经撒布沥青的试件板上。

④ 粘贴拉头。

通过环氧树脂与固化剂将拉拔头与试件固定连接。

⑤ 拉拔试验。

使用拉拔试验仪进行试验，记录拉拔强度 $L(\text{N})$，如图3.7、图3.8所示。

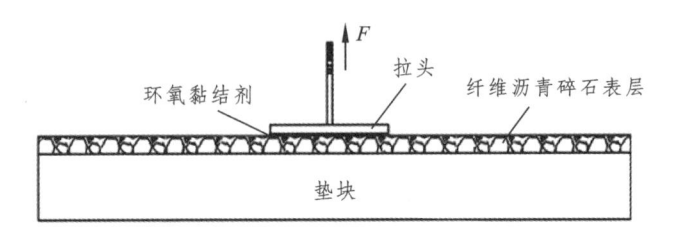

图 3.7　直接拉拔试验示意图

图 3.8　拉拔试验实例

3.3　原材料及配合比设计

3.3.1　原材料

1. 水泥

水泥稳定碎石在此用作路面基层材料，对水泥品种没有特殊的要求。本次试验采用重庆某水泥有限公司生产的秦岭牌 32.5 普通硅酸盐水泥，水泥检测结果如表 3.1 所示。

表 3.1 水泥检测结果

水泥品种	细度/%	凝结时间/min		安定性（沸煮法）	抗压强度/MPa		抗折强度/MPa	
		初凝	终凝		3 d	28 d	3 d	28 d
试验水泥	8.0	360	195	合格	21.5	38.8	4.6	7.9
规范要求	< 10	≥180	≤600	必须合格	≥11.0	≥32.5	≥2.5	≥5.5

从表 3.1 可以看出，水泥各项检验指标均满足规范要求。

2．集料

在水泥稳定碎石混合料中，集料起着很重要的骨架作用，正是由于这种骨架作用贡献了水泥稳定碎石整体的宏观强度。

本次试验采用重庆某工地使用的石灰岩，分为 0～5 mm、5～10 mm、10～20 mm、20～30 mm 共四挡。按照《公路工程集料试验规程》（JTG E42—2005）的要求测得石料各项指标，其结果见表 3.2，均符合要求，石料的强度也符合《公路路面基层施工技术细则》（JTG/T F20—2015）的要求。

表 3.2 碎石集料检验结果

检验指标	压碎值	针片状含量	含泥量
含量/%	21.6	5.9	1

从表 3.2 可以看出，碎石集料各项检验指标均满足规范要求。

3．沥青

本次试验中，碎石封层结合料采用的是国产 90#石油沥青，按照《公路沥青路面施工技术规范》（JTG F40—2004）的要求，对沥青进行了各项指标测试，结果见表 3.3。

表 3.3 90#石油沥青常规性能

项目单位		技术要求	试验结果	试验方法
针入度 100 g，5 s，25 ℃（0.1mm）		80～100	90	JTJ T0604
延度 5 cm/min	10 ℃/cm	—	72	JTJ T0605
	15 ℃/cm	不小于 100	> 150	JTJ T0605

续表

项目单位		技术要求	试验结果	试验方法
软化点 TR & B/°C		42～52	15.0	JTJ T0606
溶解度（三氯乙烯）/%		99.0	99.7	JTJ T0607
闪点（COC）/°C		230	290	JTJ T0609
密度 15 °C/(g·cm^{-3})		实测	1.015	JTJ T0603
含蜡量（蒸馏法）/%		不大于 3	1.6	JTJ T0615
薄膜烘箱试验（163 °C，5 h）	质量损失/%	10	0.5	JTJ T0609
	针入度比/%	50	65.0	JTJ T0604
	延度 10 °C/cm	不小于 8	10	JTJ T0605
	延度 15 °C/cm	实测	46	JTJ T0605

由表 3.3 可见，石油沥青的各项技术指标均符合道路石油沥青的技术要求。

4．基布

防裂基布是一种土工合成材料，应满足《公路土工合成材料应用技术规范》（JTG/T D32—2012）相关要求，该材料的主要技术指标应满足表 3.4 规定的技术要求，应单面烧毛。工地现场应根据检测频率对到场的防裂基布卷材进行取样抽检，确认合格后方可用于施工。

聚丙烯非织造土工织物熔点约为 165 °C，因此施工过程中若直接与摊铺温度达到 165 °C 及以上的沥青混合料接触时，应对使用的土工织物材料进行工程试验，验证其可行性，表 3.4 为聚丙烯非织造土工织物技术要求。

表 3.4 聚丙烯非织造土工织物技术要求

单位面积质量	抗拉强度	极限抗拉强度纵横比	极限延伸率（纵、横向）	CBR 顶破强度	刺破强度	沥青浸油量
120～160 g/m^2	≥9.0 kN/m	≥0.80	≤40%	≥2 kN	≥450 N	≥1.2 kg/m^2

3.3.2 配合比设计

在水泥稳定碎石混合料中，集料的用量通常在 90%（质量分数）以上。

各挡集料的搭配不仅影响水泥稳定碎石的强度,同时也制约着水泥稳定碎石与面层之间的黏结性能。大量的试验与工程实践表明:按照现有规范推荐的集料级配配制的半刚性基层材料强度基本可以满足相关的技术要求,且施工过程中具有良好的施工和易性,不易发生离析。但不同结构类型的半刚性基层材料所表现出的黏结性能尚未进行研究,为了保证典型简易路面结构的路用性能处于较高水平,需要确定出最优的级配范围。

3.3.2.1 级配设计理论

目前常用的级配理论,主要有粒子干涉理论和最大密度曲线理论。粒子干涉理论可以用于计算连续级配和间断级配;最大密度曲线理论描述的是连续级配的粒径分布,也用于计算连续级配或间断级配。

1. 最大密度曲线理论

现行的合成集料级配,主要分为连续级配和间断级配两大类。连续级配是指从最大密实度这一观点出发,以富勒为代表,认为颗粒级配曲线越接近抛物线,则越密实,主要的计算方法有以下4种:

(1) n 法——泰波 A.N 法,提出的依据是最大密实度原则,目前采用 n 次幂的通式表达,见式(3.3):

$$P_x = 100 \times (d/D)^n \tag{3.3}$$

式中　d——希望计算的某级集料粒径(mm);

　　　D——合成集料的最大粒径(mm);

　　　n——递减系数;

　　　P_x——希望计算的某级集料的通过率(%)。

(2) I 法——同济大学提出的一种级配设计方法。该方法指出,当颗粒粒径以 1/2 递减时,直接采用通过率百分率递减系数 I 为参数进行矿料级配组成设计,见式(3.4):

$$P_x = 100(i)^x$$
$$x = 3.32\lg(D/d) \tag{3.4}$$

式中　d——希望计算的某级集料粒径(mm);

　　　D——合成集料的最大粒径(mm);

P_x——希望计算的某级集料的通过率（%）；

i——通过百分率的递减系数；

x——矿料粒径的级数。

（3）k 法——苏联控制筛余量递减系数的方法，见式（3.5）：

$$P_x = 100\left(1 - \frac{k^x - 1}{k^y - 1}\right)$$

$$x = 3.32\lg(D/d)$$

$$y = 3.32\lg(D/0.004) \tag{3.5}$$

式中　k——颗粒分级重量递减系数；

d——希望计算的某级集料粒径（mm）；

y——通过百分率的递减系数；

x——矿料粒径的级数。

（4）Bolomey 法——最大理论密度公式，见式（3.6）：

$$P_x = A + (100 - A) \times \left(\frac{d}{D}\right)^{0.5} \tag{3.6}$$

式中　A——通过 35 mm 筛的通过率（%）；

D——合成集料的最大粒径（mm）。

2．粒子干涉理论

粒子干涉理论认为：为达到最大密度，前一级颗粒之间的空隙应该通过次一级颗粒填充，其余空隙又通过再次一级的小颗粒填充，但填充的颗粒粒径不得大于其间隙的距离，否则大小颗粒粒子之间一定会发生干涉现象。为避免这种干涉现象的出现，大小颗粒之间应按照一定的数量分配并从临界干涉状况下可导出前一级颗粒之间的间接距离，如式（3.7）所示：

$$t = \left[\left(\frac{\psi_0}{\psi_a}\right)^{1/3} - 1\right]D \tag{3.7}$$

当位于临界干涉状态 $t = d$ 时，式（3.7）可写成：

$$\psi_a = \frac{\psi_0}{\left(\dfrac{d}{D}+1\right)^3} \tag{3.8}$$

式中　t——前粒级的间隙距离；

　　　D——前级粒径（mm）；

　　　ψ_0——次粒级的理论实积率，即堆积密度与表观密度之积；

　　　ψ_a——次粒级的实用实积率。

3.3.2.2 集料级配设计

1. 最优级配范围

《公路路面基层施工技术细则》（JTG/T F20—2015）中的水稳碎石级配范围主要根据强度指标提出，为了对级配范围进行优化，提出五组级配，分为上限、下限、中值、较粗、较细，比较各种级配的水泥稳定碎石与面层之间的黏结性能，并最终得出较优的级配范围（见表 3.5），主要考虑集料组成对水泥稳定碎石时间强度和黏结性能的影响。水泥用量采用一定值。根据工程应用经验，选定水泥用量为 4.8%。

表 3.5　集料级配

编号	级配名称	筛孔尺寸/mm							
		31.5	26.5	19	9.5	4.75	2.36	0.6	0.075
JL1	级配 1	100	100	89	67	49	35	22	7
JL2	级配 2	100	97.5	84.75	62	44	30.5	18.5	5.25
JL3	级配 3	100	95	80.5	57	39	26	15	3.5
JL4	级配 4	100	92.5	76.25	52	34	21.5	11.5	1.75
JL5	级配 5	100	90	72	47	29	17	8	0

2. 集料最大粒径

集料作为水泥稳定碎石骨架结构的重要组成部分，粒径大小对水稳的各项力学性能有一定影响。选择最大粒径 19 mm、26.5 mm、31.5 mm 的集料作为水稳集料，通过试验测定其基本力学性能，并重点研究集料最大粒径对水稳与面层黏结性能的影响。根据规范要求以及工程经验确定三种级配如表 3.6 所示。

表 3.6　集料级配

编号	级配名称	筛孔尺寸/mm						
		31.5	26.5	19	9.5	4.75	2.36	0.6	0.075
ZD1	级配 1	100	95	80.5	57	39	26	15	3.5
ZD2	级配 2	100	100	95	61	41	30	16	5
ZD3	级配 3	100	100	100	95	60	44	22.5	6

3. 水泥用量

水泥稳定碎石水泥用量一般为混合料的 3%~6%。当水泥含量较高时，水稳的收缩较大，容易引起面层反射裂缝；当水泥含量较低时，水稳强度较低，无法满足路面对强度的要求。而在典型简易路面结构中，聚丙烯非织造布具有一定的防反射裂缝能力，且由于面层厚度较低，水稳是主要的承重层，对其强度要求较高。因此，需要针对典型简易路面结构，研究水泥稳定碎石的最佳水泥用量。采用《公路路面基层施工技术细则》(JTG/T F20—2015)要求的级配范围研究水泥用量对基本力学性能及黏结性能的影响，如表 3.7 所示。

表 3.7　集料级配

级配名称	筛孔尺寸/mm							
	31.5	26.5	19	9.5	4.75	2.36	0.6	0.075
级配 1（26.5）	100	95	80.5	57	39	26	15	3.5

3.4　级配范围

3.4.1　基本性能

3.4.1.1　最佳含水量与最大干密度

按照表 3.5 的级配进行集料的选配，为了研究不同级配条件下试件的基本性能与黏结性能，根据工程经验水泥剂量统一选定为 5.4%，采用振动成型法进行最大干密度和最佳含水量的击实试验，成型水稳碎石混合料圆柱体试件尺寸为：直径×高度 = $\phi 15 \text{ cm} \times 15 \text{ cm}$，如图 3.9 所示。试验结果如表 3.8 所示。

图 3.9 振动成型机械

表 3.8 不同最大粒径级配的最大干密度和最佳含水量

级配	JL1	JL2	JL3	JL4	JL5
最大干密度/(g/cm³)	2.333	2.315	2.322	2.319	2.215
最佳含水量/%	5.7	5.4	5.4	4.8	4.5

3.4.1.2 无侧限抗压强度

根据《公路工程无机结合料稳定材料试验规程》(JTG E51—2009)中无机结合料稳定粒料无侧限抗压强度试验方法(T 0805—1994),按照 4.5% 的水泥用量成型五种级配的强度试件。

成型尺寸为 $\phi 150 \text{ mm} \times 150 \text{ mm}$ 的试件,将成型的试件用塑料薄膜包覆后放置在温度 (25 ± 2) °C、相对湿度 95% 的养护室内养生 7 d,并在养生期的最后一天将试件浸泡在水中。在道路材料强度试验仪上进行抗压试验。用游标卡尺测量试件的高度后,在压力机上以 1 mm/min 的速率加载,记录试件破坏时的最大压力 P(N),并按照式(3.9)计算无侧限抗压强度,得到 7 d 沥青强度试验结果,如表 3.9 所示。

$$R_C = \frac{P}{A} \tag{3.9}$$

表 3.9 无侧限抗压强度值

级配	JL1	JL2	JL3	JL4	JL5
无侧限抗压强度/MPa	4.6	4.7	4.8	4.6	4.4

通过表 3.9 可以得出,各种级配的水泥稳定碎石的无侧限抗压强度均满足规范中的抗压强度,级配因素对强度的影响规律不明显。

3.4.2 黏结性能

根据前文分析,将《公路路面基层施工技术细则》(JTG/T F20—2015)中的级配范围进行优化研究,分别验证该范围上限、中上、中值、中下以及下限级配时水泥稳定碎石的黏结性能,黏结性能主要通过拉拔强度表征。

根据前期工程实践与室内试验分析可知,典型简易路面结构对层间的黏结性能要求较高,而黏结性能主要取决于水稳的表面形态以及基布与水稳间的沥青用量。本节将沥青用量固定为 1.0 kg/m^2,研究不同级配条件下的水稳表面形态对黏结性能的影响。其中,水稳的水泥用量为 4.5%,基布规格为 140 g/m^2,水稳与基布间沥青用量为 1.0 kg/m^2。按照 3.2.2 中所示试验方法成型试验试件并进行拉拔强度试验。试验结果如表 3.10、图 3.10 所示。

表 3.10 不同级配条件下的拉拔试验结果

级配名称	最大拉拔力/kN			均值/kN
JL1	0.82	0.75	0.97	0.85
JL2	0.75	0.79	0.88	0.80
JL3	0.79	0.82	0.88	0.81
JL4	0.69	0.75	0.75	0.73
JL5	0.82	0.65	0.92	0.79

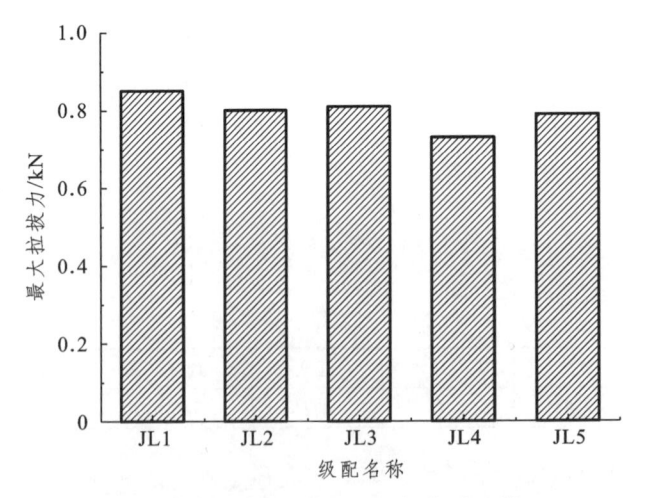

图 3.10 不同级配条件下的拉拔试验结果

3.4.3 性能分析

由表 3.9 结果可知,在基布、沥青、水稳中水泥用量不变的情况下,不同级配时的整体拉拔强度也有所不同。随着级配由上限逐渐转为下限,水稳集料中 4.75 粒径集料的通过率由 49% 减少为 29%,水稳表面的粗糙度随之增加,拉拔强度整体呈降低趋势,但相差较小,最大值与最小值之间只相差 0.12 MPa。

由试验中拉拔破坏的形态可以看出,基布与撒过透层的水稳通过沥青连接,由于基布具有浸油的特性,基布与沥青之间的黏结较为牢固,破坏发生于沥青与水稳间。此时,影响黏结性能的最大因素源自表面结构与沥青的黏附性,当表面较为致密时,黏结面积相对较大,拉拔强度随之增加,但由于不同级配间的强度相差较小,因此抵抗破坏的能力也相差不是很大。

3.5 集料最大粒径

3.5.1 基本性能

3.5.1.1 最佳含水量与最大干密度

按照表 3.6 的级配进行集料的选配,为了研究不同最大粒径水稳试件的基本性能与黏结性能,根据工程经验水泥剂量统一选定为 4.5%,采用振动成型法进行最大干密度和最佳含水量的击实试验,成型水稳碎石混合料圆柱体试件尺寸为:直径×高度 = ϕ15 cm×15 cm。试验结果如表 3.11 所示。

表 3.11 不同最大粒径级配的最大干密度和最佳含水量

级配	ZD1	ZD2	ZD3
最大干密度/(g/cm^3)	2.322	2.342	2.367
最佳含水量/%	5.4	5.8	6.0

3.5.1.2 无侧限抗压强度

表 3.6 所示集料最大粒径分别为 31.5 mm、26.5 mm、19 mm,按照所示级配进行无侧限抗压强度试验。水泥用量统一为 4.5%,在达到 7 d 龄期前一天,取出试件浸泡在水中 24 h,在道路材料强度试验仪上进行抗压试验。用游标

卡尺测量试件的高度后，在压力机上以 1 mm/min 的速率加载，记录试件破坏时的最大压力 P（N），并按照式（3.10）计算无侧限抗压强度，得到 7 d 沥青强度试验结果，如表 3.12、图 3.11 所示。

$$R_C = \frac{P}{A} \tag{3.10}$$

表 3.12　无侧限抗压强度值

级配	ZD1	ZD2	ZD3
无侧限抗压强度/MPa	4.8	4.0	3.5

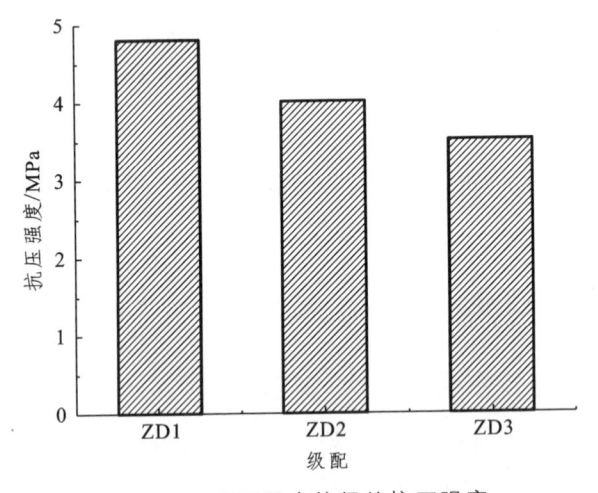

图 3.11　不同最大粒径的抗压强度

由表 3.12 可以得出，集料最大粒径减小时，水泥稳定碎石的强度降低。集料的最大粒径对混凝土强度变化的影响，主要是对于粒径不同的集料，比表面积差别很大，从而需要黏结集料的水泥浆用量也不相同。在此试验中，除了改变集料的粒径大小之外，其他的材料用量完全相同，这就使得对比变得有针对性。当集料的粒径很小时，这些颗粒会大幅度增加拌合物的表面积和孔隙率，集料表面的水泥浆就相对减少。另外，对于小颗粒的集料，其表面会漂浮大量的粉尘，影响集料界面与水泥浆的黏结强度。当集料粒径不断增大时，作为水泥稳定碎石主要支架的集料开始发挥其有效的抗压作用，加上集料表面相对水泥浆量的增加，增大了集料之间的黏结度。综上所述，随着集料粒径的增大，水泥稳定碎石的强度逐渐减小。

3.5.2 黏结性能

根据前文分析，分别选定最大粒径为 31.5 mm、26.5 mm、19 mm 的集料，成型拉拔强度试件，研究水稳集料最大粒径对水稳与基布的黏结性能。

本节将沥青用量固定为 1.0 kg/m²，研究上述条件下的水稳表面形态对黏结性能的影响。其中，水稳的水泥用量为 4.5%，基布规格为 140 g/m²，水稳与基布间沥青用量为 1.0 kg/m²。按照 3.2.2 节所示试验方法成型试件并进行拉拔强度试验。试验结果如表 3.13、图 3.12 所示。

表 3.13 不同最大粒径的拉拔试验结果

级配	最大拉拔力/kN			均值
ZD1	0.79	0.82	0.88	0.81
ZD2	0.78	0.65	0.67	0.80
ZD3	0.81	0.62	0.59	0.81

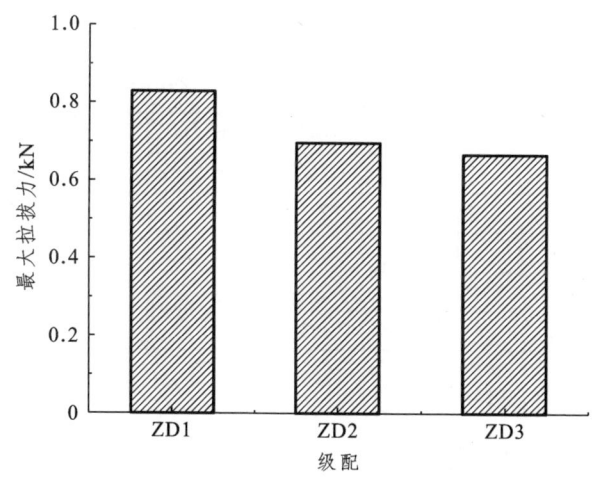

图 3.12 不同最大粒径的拉拔试验结果

3.5.3 试验结果分析

随着水泥稳定碎石中集料最大粒径的下降，基布拉拔强度也随之降低。由

图 3.11 可以看出，最大粒径较小时，水稳表面致密，但与粒径最大时相比，整体强度较低，在受到拉拔力的情况下，更易产生破坏。

综上可知，在级配、水泥用量不变的情况下，降低集料的最大粒径，会使水泥稳定碎石的强度有所下降，同时黏结性能也会相应有所下降。

3.6 水泥用量

3.6.1 基本性能

3.6.1.1 最佳含水量与最大干密度

按照表 3.5 的 JL3 级配进行集料的选配，水泥剂量分别确定为 2.5%、3.5%、4.5%、5.5%、6.5%，采用振动成型法进行最大干密度和最佳含水量的击实试验，成型水稳碎石混合料圆柱体试件尺寸为：直径 × 高度 = $\phi 15 \text{ cm} \times 15 \text{ cm}$。试验结果如表 3.14 所示。

表 3.14 不同水泥剂量的最大干密度和最佳含水量

水泥剂量/%	最大干密度/(g·cm^{-3})	最佳含水量/%
2.5	2.295	4.8
3.5	2.315	5.3
4.5	2.322	5.4
5.5	2.326	5.5
6.5	2.341	5.9

3.6.1.2 无侧限抗压强度

按照每种混合料的最佳含水量成型抗压强度试件，在达到 7 d 龄期前一天，取出试件浸泡在水中 24 h，在道路材料强度试验仪上进行抗压试验。用游标卡尺测量试件的高度后，在压力机上以 1 mm/min 的速率加载，记录试件破坏时的最大压力 $P(\text{N})$，并按照式（3.11）计算无侧限抗压强度，得到 7 d 沥青强度试验结果，如表 3.15 所示。

$$R_C = \frac{P}{A} \tag{3.11}$$

表 3.15　无侧限抗压强度值

水泥剂量	2.5	3.5	4.5	5.5	6.5
无侧限抗压强度/MPa	4.8	5.3	5.5	6.2	7.5

3.6.2　黏结性能

按照表 3.5 所示 JL3 级配，分别选择水泥剂量 2.5%、3.5%、4.5%、5.5%、6.5%，按照上节所得最佳含水量成型拉拔强度试件，基布规格为 140 g/m²，水稳与基布间沥青用量为 1.0 kg/m²。按照 3.2.2 节所示试验方法成型试件并进行拉拔强度试验。试验结果如表 3.16、图 3.13 所示。

表 3.16　不同级配条件下的拉拔试验结果

水泥剂量/%	最大拉拔力/kN			均值/kN
2.5	0.73	0.66	0.54	0.64
3.5	0.84	0.65	0.71	0.73
4.5	0.79	0.82	0.88	0.83
5.5	0.78	0.81	0.84	0.81
6.5	0.89	0.92	0.83	0.90

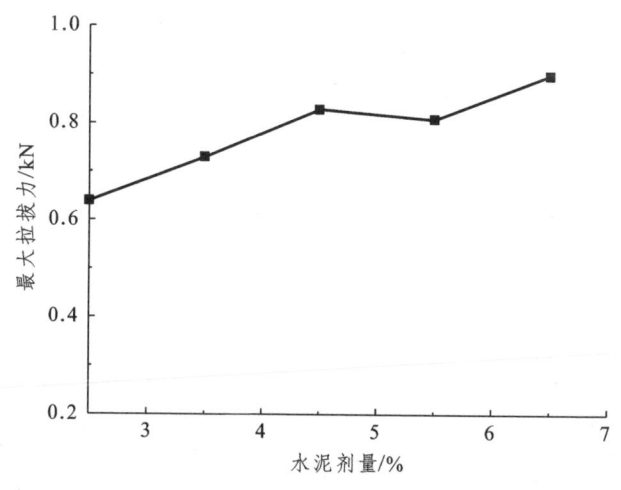

图 3.13　不同级配条件下的拉拔试验结果

3.6.3 试验结果分析

由以上结果可以看出，当水泥剂量增加时，相同级配、相同黏层沥青用量的条件下，拉拔强度呈缓慢增加趋势。分析可知，当水泥剂量增加时，试件的整体无侧限抗压强度也随之提高。根据前面的拉拔试验可知，基布与水稳之间受到拉拔破坏时，沥青黏层与水稳之间的黏结往往成为薄弱层，首先出现破坏。当水泥剂量提高时，较高的强度可以使试件的表面抵抗破坏的能力增强，从而使得拉拔强度有所提高。

但是在水稳的配合比设计中，当水泥剂量过高时，使用过程中容易出现收缩裂缝。在《公路沥青路面设计规范》（JTG D50—2017）中规定，水泥稳定集料的水泥剂量一般为 3%~5.5%，当达不到要求时应调整级配，水泥的最大剂量不应超过 6%。因此，对于典型简易路面结构而言，在保证各项基本性能指标满足要求的条件下，尽量提高水泥剂量，以不超过 6% 为准。

第4章　典型简易路面结构面层参数优化

4.1 概述

西藏地处青藏高原，部分农村乡镇位于偏远地区，交通路网的通达率低。现有的农村公路典型路面结构主要分为水泥混凝土与沥青混合料路面两种，但两者造价相对较高，并且施工工艺相对复杂。西藏地区农村公路属于轻交通量道路，对整体路面强度要求不高，但由于自然环境的特殊性，昼夜温差大，极寒时间长，紫外线较强，因此对路面的使用性能和耐久性提出了较高的要求。

典型简易路面结构根据西藏地区的经济、自然、交通条件，采用防裂基布同步碎石封层技术，具有造价低廉、施工简便、适应性强等优点。该技术是在水泥稳定碎石的半刚性基层基础上，铺筑非织造聚丙烯纤维基布并在其上进行同步碎石封层撒布的新型道路建设施工技术，如图4.1所示。

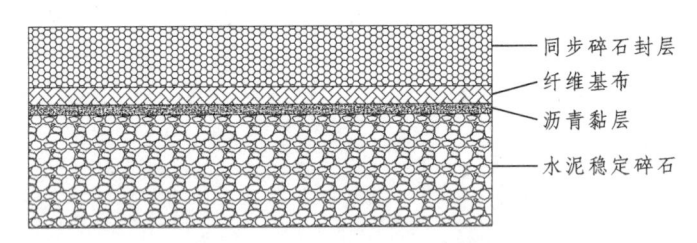

图 4.1 典型简易路面结构示意图

典型简易路面结构具有以下独特的优点：

（1）良好的应力吸收和扩散能力。非织造聚丙烯纤维基布内部纤维结构呈乱向分布，铺设于基层与同步碎石封层之间，兼具有较高的张力与弹力，对外界的应力具有极其有效的吸收和扩散功能，可以作为一种较好的应力吸收中间层，弥补同步碎石封层较薄而导致的强度低的缺点。此外，还能够有效地抑制反射裂缝的出现，有效地阻止车载负荷过重造成的路面破坏，极大地提高道路的使用寿命。

（2）高防水性。纤维封层其结构为"水稳+沥青层+基布+沥青层+碎石"形成的致密结构，沥青层在水稳表面形成的保护膜可以防止水分的渗入。

（3）高稳定性。基布封层由于弹性模量高，延伸性强，其抗拉强度远远大于温度变化带来的收缩应力或者拉应力，降低了面层的低温脆裂性，因此能够有效地抑制沥青路面低温收缩裂缝的产生。

（4）施工快捷性。基布下黏层沥青撒布后，基布紧跟其后，由专门的机械摊铺，摊铺后使用胶轮压路机碾压密实，再在上面使用同步碎石封层车进行面层的施工。碾压 24 h 后即可开放交通。

综上所述，典型简易路面结构在西藏地区具有较强的适用性。本章拟对该结构的各项材料特性进行系统研究，选择合适的基布规格、黏层沥青用量、封层沥青种类及用量、碎石种类及用量，对路面结构采用的材料进行优选，确保典型简易路面结构具有最优的使用性能、适应性和耐久性。

4.2 研究与应用现状

4.2.1 同步碎石封层技术

碎石封层，是通过一定厚度的黏结材料（1～2 mm）将一定粒径的集料黏结形成的薄层，其整体力学特征是柔性的。其施工时，通过专用设备即碎石封层车将集料及黏结材料同步铺洒在路面上，通过自然行车或胶轮压路机碾压形成单层沥青碎石层。黏结材料可以选择石油沥青、乳化沥青、改性乳化沥青、稀释沥青、改性沥青、再生乳化沥青等，乳化沥青和稀释沥青应用较为普遍，碎石可以为单粒径石料、级配碎石，其中单粒径石料应用最为普遍。

在传统的同步碎石封层应用中，碎石封层中的黏结材料一方面起防水及保水作用，另一方面通过材料自身的黏附力和内聚力牢固集料以及与透层材料共同作用于层间起到联结基层与面层的作用。碎石材料撒布于沥青表面，被沥青材料固定黏结，为施工期间临时开放交通提供一定的行车抗滑和磨耗能力。

碎石封层按照结构类型可分为单层、双层、嵌入式、衬垫式、三明治式、开普封层以及纤维/土工布增强等，本书着重研究聚丙烯纤维非织造基布增强的同步碎石封层。碎石封层按施工工艺分为同步碎石封层和异步碎石封层。黏结材料和碎石同一时间撒布铺筑称为同步碎石封层，黏结材料和碎石非同一时间撒布称为异步碎石封层或称为非同步碎石封层。同步碎石封层和异步碎石封层区别在于黏结材料和碎石铺筑的时间上，前者是由后者发展而来的。由于同步碎石封层黏结材料和碎石同一时间铺筑，简化工序、缩短了施工时间，碎石封层铺筑完便可以开放交通，同时沥青与碎石同一时间撒布防止了因沥青温度降低产生的与集料之间黏结力下降问题，保证了沥青与碎石之间的黏结性，同时还有效抑制了有害气体对施工周边环境的污染。

4.2.2 配合比设计

对于同步碎石封层的设计，不同的国家和地区有不同的方法，但设计内容都主要包括沥青洒布率和石料撒布率两项。各种不同的方法归纳起来可以分为经验配比法、理论计算法两类。

美国的很多州（如密歇根州、加利福尼亚州等）认为碎石封层是"不可设计"的，要求工程师在施工中根据情况在允许的用量范围内确定材料撒布率，这便是经验配比法。比较有代表性的理论计算法有 McLeod 方法、Lowering 方法、美国的沥青协会方法等。由于撒布率受交通量大小、集料特性、路面状况等因素的影响，不同方法之间计算所得沥青撒布量与碎石用量相差较大，且由于现场所用集料的力学性能指标与前期计算数据往往有一定偏差，理论计算法所得数据不具备较强的适用性。

本书所用的计算方法是一种十分直观、简便的碎石封层设计方法，它是将碎石均匀、紧密地撒满某平底容器，根据碎石质量和撒布面积计算石料撒布率，然后向该平底容器内倒入自来水直至刚好完全淹没石料，倒入水体积的 2/3 与平底容器表面积的比值即为沥青的撒布率。

4.2.3 适用条件

同步碎石封层技术主要用于道路的预防性养护和矫正性养护，以及提高高等级路面的防滑性能。无论是高速公路还是普通公路，都可以使用此项养护新技术。在欧洲 95% 以上的公路（尤其是在法国）均采用同步碎石封层进行路面养护。另外，同步碎石封层可以作为低等级公路的面层。在法国有 40% 以上的公路就是直接采用碎石封层作为路面，目前使用效果良好。因此，在西藏部分经济不发达地区，公路建设资金不足的情况下，采用造价低廉的同步碎石封层作为低等级公路路面是提高路网铺装率行之有效的措施。我国常用的同步碎石封层技术适用范围如表 4.1 所示。

表 4.1　同步碎石封层技术适用范围

	适用范围
同步碎石封层	低等级、农村公路沥青路面铺筑
	旧沥青路面加铺防水磨耗层
	白改黑路面的防水黏结层
	桥面防水层施工
	与稀浆封层或微表处结合施工（开普封层）

低等级、轻交通量道路的建设，可在简单处理过的基层（如石灰土、天然砂砾）上直接铺设单层或双层碎石封层作为路面。目前，法国及欧美发达国家乡村公路建设大部分都采用了这种技术，达到与热摊铺同样的性能。这样的路面结构形式，一方面可以大幅度降低筑路成本，有效缓解公路建设资金紧缺问题；另一方面，可以迅速增加我国公路网的覆盖范围，有利于"乡乡通油路，村村通公路"目标的尽早实现，对于经济发展相对落后的农村地区和中西部地区有特殊重要的意义。

4.2.4　常见问题

同步碎石封层技术从国外引进来到现在，已经有十年左右。期间，该项技术在我国得到了很快的发展，越来越多的省份将其用于低等级公路面层以及道路养护，国内的同步碎石封层车也得到了迅速的发展，取得了较好的施工效果。但是，总的来说，同步碎石封层技术在我国还处于发展的初期阶段，施工工艺还未成熟，缺乏相关的施工经验，相关的设计与施工规范也仅局限于部分省份。

在国外乡村公路的新建中，由于成本低、施工速度快等优势，大量使用了同步碎石封层技术。而在我国，到目前为止，同等碎石封层技术绝大多数是用于旧路面的养护工作中，并且多应用在中低等级公路养护工作中。就现在的使用状况来看，同步碎石封层技术在使用过程中，还存在以下问题需要解决：

（1）没有形成相关的设计、施工规范。

（2）缺乏原材料的选用依据以及评价指标。

（3）施工工艺不成熟，缺乏施工经验。

同步碎石封层的病害主要表现在：

（1）脱石现象严重。同步碎石封层中的石料大部分已经脱离，在公路路肩两侧发现大量同步碎石封层中使用的石料，但石料各项性能保持完好。

（2）同步碎石封层大部分已经破坏，旧路面暴露出来，路面上会出现松散的集料，并会伴有被行驶车轮带出的现象。

（3）进入高温季节，经常有泛油现象；进入冬季，会出现局部网裂现象。

4.2.5 研究思路

由于典型简易路面结构并没有国家标准规范可循，本书拟对该结构中的各项参数进行系统研究。首先对聚丙烯非织造基布的施工参数进行分析，然后优化同步碎石封层的沥青种类与用量，最后对同步碎石封层所用的碎石进行试验分析，最终确定最佳的施工方案。

4.3 原材料及试验方法

4.3.1 原材料

1．基布规格

聚丙烯非织造防裂基布选用规格为 120 kg/m^2、140 kg/m^2、150 kg/m^2。

2．集料

集料是构成同步碎石封层的重要组成部分，集料作为封层结构中最主要的承重部分，与外部环境直接接触，上表面直接承受车辆荷载的作用，并且为面层提供良好的抗滑性能。同步碎石封层中，一般要求集料要干燥、洁净、无杂质、无风化现象，并且要有足够的耐磨性和强度。另外，碎石还应该有比较好的形状，一般要求碎石为近似正立方体的形状，富有棱角，并且针片状含量不能太高。

（1）岩性。

同步碎石封层中，常用的集料种类有玄武岩、辉绿岩和石灰岩，都为碱性石料。玄武岩为弱碱性石料，其结构较密，密度为 2.95~3.0 g/cm³，有较高的力学性能，极限强度高达 400 MPa，开采加工比较困难，所以出场价格较高。辉绿岩也属于弱碱性石料，密度为 2.75~3.05 g/cm³，有较高的力学性能，极限抗压强度达 200~300 MPa，开采加工比较困难，所以出场价格也较高。

石灰岩为典型的强碱性石料，石灰岩的物理力学性质随其结构、构造以及混合物的成分与含量变化范围很大，其密度为 1.5~2.75 g/cm³，但是其抗压强度的变化范围却很大，比如贝壳石灰岩的抗压强度仅为 0.5~5 MPa，而泥质石灰岩则可达 25~50 MPa，密实板状石灰岩可达到 70 MPa，硅质石灰岩和大理岩状的结晶石灰岩可达 100~200 MPa。因此，在选用石灰岩作为封层的集料时，要特别注意对石灰岩强度的考虑。

（2）级配。

有级配的碎石封层，施工性能、使用效果等都不及采用单一粒径的碎石封层。集料的级配越好，就越不适合用于碎石封层，因为集料的级配越好，矿料间隙率越小，越没有空间供结合料来填充，允许的沥青用量范围较窄。所以设计和施工中稍有不慎就会造成泛油（沥青用量偏大）或者碎石的脱落（沥青用量偏小）。此外，由于粒径大小不一，车辆轮胎与路面接触时，只是与其中突出在表面的大粒径石料接触，从而影响路面的抗滑性能。

（3）针片状含量。

碎石封层所用集料最理想的外形是规则立方体型。如果集料扁平，那么轮迹带上的碎石在行车作用下碎石"竖立"在路面上，"平躺"在路面上，易形成泛油；而在轮迹带以外的地方，与沥青黏结面积小，容易脱落。因此，集料的针片状含量必须满足要求，如图 4.2 所示。

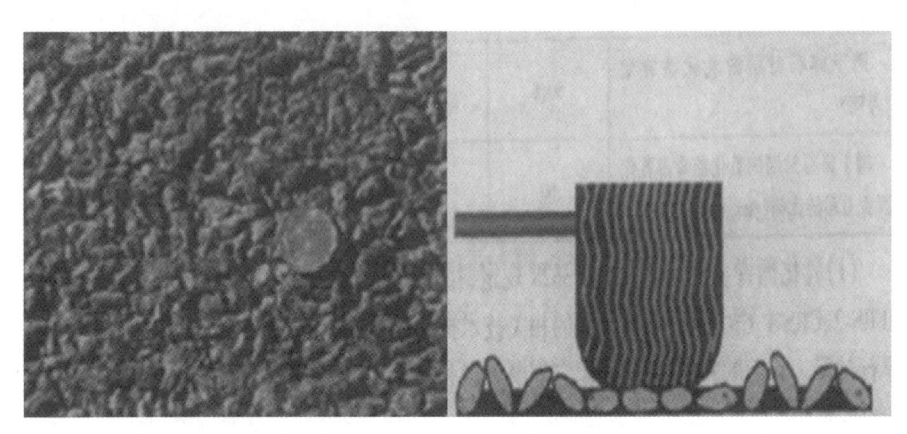

图 4.2　碎石封层的外观及针片状集料用于碎石封层的示意图

（4）0.075 mm 通过率。

此外，为了保证碎石与沥青的牢固黏结，碎石中应尽量不含粉料。碎石封层集料的 0.075 mm 通过率一般不超过 1%。

（5）技术指标（见表 4.2）。

表 4.2　玄武岩的技术指标

技术指标	单位	试验值	技术要求
压碎值	%	14.6	≤28
洛杉矶法磨耗率	%	14.5	≤30
沥青黏附性等级	级	5	4 级以上
针片状颗粒含量	%	5.2	≤15
粉尘含量	%	0.97	≤1
磨光值	BPN	45	≤42
吸水率	%	1.12	≤2
破碎面、几何形状	4 个破碎面以上，接近立方体		

3. 沥青

西藏地处青藏高原，海拔高，昼夜温差大，冬季极寒、气温低，紫外线强，在道路路面工程中一般采用 90#沥青。对同步碎石封层而言，基质沥青、改性沥青、橡胶沥青、乳化沥青都可以用于黏结表层碎石，但不同沥青从施工工艺、造价、使用性能等方面都有所不同。针对西藏地区的特殊环境，选择最优的沥青种类，本试验选择韩国 SK 生产的基质沥青，萨嘎至雄如农村公路工程应用的 SBS 改性沥青，重庆某实验室生产的橡胶沥青，以及美国 MWV 公司生产的改性乳化沥青进行试验研究，以下各项沥青指标由供方提供（见表 4.3 ~ 表 4.6）。

（1）改性沥青。

表 4.3 改性沥青检测指标

技术指标	单位	技术要求	试验结果	试验方法
针入度 100 g，5 s，25 ℃	0.1 mm	80 ~ 100	88.3	JTJ T0604
5 ℃ 延度	cm	≥50	80	JTJ T0605
软化点 TR&B	℃	≥48	51.0	JTJ T0606

（2）橡胶沥青。

表 4.4 橡胶沥青检测指标

技术指标		单位	技术要求	试验结果	测试方法
175 ℃ 运动黏度		Pa·s	≤1	0.9	T0619
135 ℃ 运动黏度		Pa·s	≤4	4.0	T0619
针入度 100 g，5 s，25 ℃		0.1 mm	60 ~ 80	70	T0604
软化点 TR&B		℃	>47	58.9	T0606
5 ℃ 延度		cm	>10	17	T0605
薄膜烘箱老化后	质量损失	%	≤0.4	0.1	T0609
	25 ℃ 针入度比	%	≥70	76	T0604
	5 ℃ 延度	cm	≥5	11	T0605

（3）乳化沥青。

表 4.5 乳化沥青检测指标

技术指标	单位	技术要求	检测结果	检测方法
1.18 mm 筛上剩余物含量	%	≤0.1	0.0	T 0652—1993
标准黏度（$C_{25,3}$）	s	8 ~ 20	29	T 0621—1993
25 ℃ 恩格拉黏度	—	1 ~ 6	9.0	T 0622—1993

续表

技术指标		单位	技术要求	检测结果	检测方法
蒸发残留物	残留分含量	%	≥35	27	T 0651—1993
	溶解度（三氯乙烯）	%	≥97.5	99.40	T 0607—2011
	针入度 100 g，25 ℃，5 s	0.1 mm	60～100	72	T 0604—2011
	15 ℃延度	cm	≥40	80	T 0605—2011
与粗集料的黏附性（裹附面积）		—	≥2/3	>2/3	T 0654—2011
常温储存稳定性	1 d	%	≤1	0	T 0655—1993
	5 d	%	≤5	1	

（4）石油沥青。

表 4.6 石油沥青检测指标

技术指标		单位	技术要求	试验结果	试验方法
针入度 100 g，5 s，25 ℃		0.1 mm	80～100	90	JTJ T0604
延度（5 cm/min）	10 ℃	cm	—	72	JTJ T0605
	15 ℃	cm	不小于 100	>150	JTJ T0605
软化点 TR&B		℃	42～52	50.0	JTJ T0606
溶解度（三氯乙烯）		%	99.0	99.7	JTJ T0607
闪点（COC）		℃	230	290	JTJ T0609
密度（15 ℃）		g/cm³	实测	1.015	JTJ T0603
含蜡量（蒸馏法）		%	不大于 3	1.6	JTJ T0615
薄膜烘箱试验（163 ℃，5 h）	质量损失	%	10	0.5	JTJ T0609
	针入度比	%	50	65.0	JTJ T0604
	延度 10 ℃	cm	不小于 8	10	JTJ T0605
	延度 15 ℃	cm	实测	46	JTJ T0605

4.3.2 试验方法

1．试件成型

参照《公路工程沥青及沥青混合料试验规程》中 T 0752—2011 中稀浆混合料湿轮磨耗试验，采用湿轮磨耗仪进行表面脱石率试验。

试验步骤：

（1）备料。将烘干的矿料用试验规定的方孔筛筛过待用；将试验用的沥青放入烘箱合适温度中至规定温度。

（2）撒布黏层沥青。当沥青温度达到试验要求时，将沥青按照规定剂量均匀撒布于托盘表面，如图 4.3 所示。

图 4.3　试验托盘及沥青撒布

（3）铺设基布。将基布剪成托盘底座形状后铺设于沥青之上，如图 4.4 所示。

（4）撒布封层沥青。将碎石封层用的沥青均匀撒布于基布之上，如图 4.5 所示。

图 4.4　基布 　　　　　　　　图 4.5　沥青撒布

（5）撒布碎石。将碎石人工撒布于热沥青之上，该过程应保证快速、均匀，确保沥青之上的碎石单层分布，如图 4.6 所示。本试验中，表层碎石撒布率为 100%。

图 4.6 碎石撒布

（6）碾压。使用钢制圆柱体将表层的碎石碾压平整，表面竖立碎石经过碾压处于顺平状态；对于碎石重叠部分，需要将碎石清理成单层分布；初次撒布时，碎石未能满覆的区域，需要补充后方可碾压，如图 4.7 所示。

图 4.7 碾压

2．脱石率试验

脱石率试验是在稀浆混合料湿轮磨耗试验基础上改进而成，目的在于加速模拟车辆轮胎对同步碎石封层表面碎石的磨损作用。在车辆的作用下，表层碎石受到轮胎反复的剪切力和纵向力的综合作用，尤其是在变速和转弯过程中，碎石容易剥离沥青而脱落。脱石率即是用来表征碎石抵抗脱落的性能。

试验步骤：

（1）将上文成型的试件冷却至室温（见图 4.8），称取试件的总质量为 m_a，精确至 0.1 g。

（2）将试件固定在磨耗仪升降平台上，提升平台并锁住，此时试件定期磨耗，如图 4.9 所示。

图 4.8　成型完毕的试件　　　　　图 4.9　磨耗试验

（3）在托盘表面上喷洒水，至表面完全湿润，开动仪器，使磨耗头转动 300 s±2 s 后停止，如图 4.10 所示。每次试验后把磨耗头上的橡胶管转动一定角度以获得新的磨耗面（用过的面不得使用），或换上新的橡胶管。

图 4.10　磨耗试验完毕

（4）降下平台，将试件取出后在反面轻轻敲打，使磨耗过程中脱落的碎石倒出，然后放入 60 ℃烘箱中烘至恒重。

（5）从烘箱中取出试件，冷却至室温，称取试件质量（m_b），准确至 0.1 g 并按式（4.1）计算脱石率。

$$T = (m_a - m_b)/A \tag{4.1}$$

式中　　T——同步碎石封层脱石率值（g/m^2）；

　　　　m_a——磨耗前的试件质量（g）；

m_b——磨耗后的试件质量（g）；

A——磨耗头胶管的磨耗面积（m^2）。

3．剪切强度

非织造聚丙烯纤维基布与水稳基层之间的黏结性能是典型简易路面结构的核心指标之一。不利的层间接触条件容易使路面结构层间出现滑移，导致路面结构层内部出现剪切破坏，因此，本节拟通过室内试验方法对典型简易路面的层间黏结性能进行研究。

（1）剪切试验方案。

剪切试验可以很好地反映层间结合状态，符合车轮荷载作用下路面受力状态。行车荷载作用下，路面层间出现的相对滑动是由剪应力引起的。室内试验中，小尺寸的斜剪切试验可以更好地表征垂直荷载和水平荷载综合作用下的路面结构层的受剪状态，反映出在多因素交互影响下的路面层间结合能力。

对于典型简易路面结构而言，水稳层厚度一般约为 20 cm，而基布与同步碎石封层的总厚度为 0.5~2.0 cm。面层主要材料由单层的碎石、沥青和基布组成，属于柔性结构，剪切破坏主要发生于水稳基层与基布之间。为了单一研究基层与面层之间的黏结性能，排除基布以上材料的影响，使用以下结构进行测试，如图 4.11 所示。

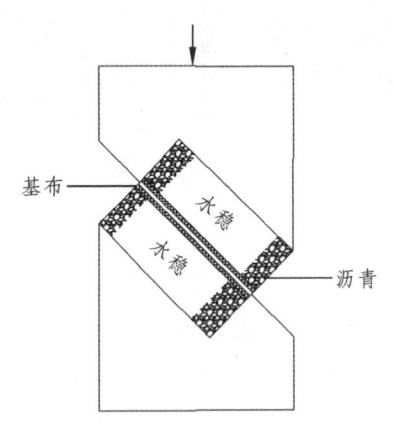

图 4.11 斜剪切试验示意图

（2）剪切夹具。

根据试验需要，项目组加工了 45°斜剪夹具，夹具示意图如图 4.12 所示。在剪切的时候，由加载系统施加的正压力会沿着 45°角的剪切面产生出大小相等的剪切应力和正应力,剪切应力使试件层间产生剪切破坏。

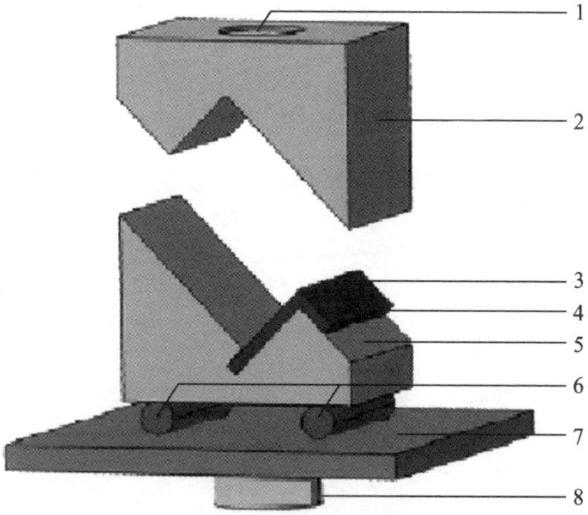

1—球形底座放置处;2—上压头;3—高度调节挡板;4—高度调节螺栓放置处;
5—下压头;6—底面摩擦消除装置;7—支撑底座;
8—带锁定装置的连接套环。

图 4.12　斜剪切夹具 3D 实物图

(3)试件制备。

① 参照《公路工程沥青及沥青混合料试验规程》(JTG E20—2011)中 T 0703—2011 车辙试验试模,成型水泥稳定碎石,将搅拌均匀的水稳混合料放入 30 cm×30 cm×5 cm 的试模中并适当插捣,装完后准备静压成型。经过龄期养护后,将水稳切割成 10 cm×10 cm×5 cm 尺寸的试件。

② 每组取两个试件,分别在试件表面上抹涂透层油,置于室温 24 h,待透层油渗入及煤油挥发充分后,将一定温度的热改性沥青撒布于试件表面,在其中一块表面铺设 10 cm×10 cm 尺寸的基布,将另一块试件反向放置于已经铺设基布的试件之上,将两块试件按压密实。

(4)试验步骤。

本试验步骤目的在于还原真实的情况,真实情况中,使用环道试验机器进行剪切破坏,但由于并不正规,所以最好还是使用本书中的仪器试验方法。

① 检查试验设备的工作状态,将斜剪切夹具安装至试验机器内,进行剪切试验。

② 设定加载速率,采用等速率应力控制式加载。

③ 将养生成型的试件放置于剪切夹具中，通过增减试件下部垫片的数量来调整试件高度，使下部夹具下端与水稳上表面同高。

④ 通过电脑控制开始加载，实时采集加载荷载及位移的变化情况，如图4.13所示。

图 4.13 剪切试验进行中

4.3.3 配合比计算

（1）准备圆盘。

准备如图4.3所示圆盘，底部圆底直径为33 cm，圆盘壁高为5 cm。

（2）撒布碎石。

将选定规格的单一粒径碎石均匀撒布于圆盘底部，保证碎石单层均匀地满布于底面，使用钢制圆轮对碎石进行碾压，使不规则的较长碎石横向排布。

（3）准备水瓶。

选择 500 mL 容量瓶，称取容量瓶空瓶的质量为 m_1，将容量瓶内装入 500 mL 水，称取总质量为 m_2。将容量瓶内的水倒入圆盘，使碎石表面刚好被淹没。再次称取容量瓶与水的总质量为 m_3。

（4）测定水的质量。

确定同步碎石封层沥青裹附沥青的高度与碎石层平均厚度的比值 a，在同样的高度比值下，计算圆盘内的水达到碎石相同高度时的使用体积 V。

$$V = \frac{m_2 - m_3}{s\rho_1} a \tag{4.2}$$

式中　　s——圆盘底面积；

ρ_1——25 ℃ 时水的密度。

（5）计算沥青用量。

采用《公路工程沥青及沥青混合料试验规程》中 T 0603—2011 测定使用沥青的密度 ρ_2，根据上述步骤所得体积 V，计算单位面积使用沥青用量 m。

$$m = \rho_2 V \tag{4.3}$$

4.4　基布参数研究

4.4.1　最佳摊铺温度

在典型简易路面结构中，基布不仅可以防止下层结构反射裂缝，还可以预防上层水分的渗入，提高了整体的使用性能和耐久性。在西藏地区，防裂基布已经大范围用于下封层施工，基布介于下面层与基层之间。基布通过热沥青的撒布与基层连接，在沥青撒布过后，基布迅速摊铺，然后使用压路机将基布与沥青压实黏结。但在实际工程中，基布摊铺过后，由于沥青温度较高，极易渗入基布，碾压时容易出现泛油的情形（见图 4.14），这对同步碎石封层的施工也造成了一定困难。以往基布摊铺时，解决此问题的方案是降低摊铺温度，但温度降低到何种程度，往往通过经验判断，施工质量不具备准确性和可持续性。

图 4.14　基布摊铺之后出现的泛油情况

本书采用第 3 章 3.2.2 中拉拔试验进行试验，使用 SBS 改性沥青，用量为 1.0 kg/m²，碎石规格为 5～10 mm 的玄武岩。基布摊铺温度通过以下方法控制：将高温热沥青从烘箱（170 ℃）取出后，立即倒入托盘；用温枪测定沥青温度，当沥青温度分别下降至 70 ℃、90 ℃、110 ℃、130 ℃、150 ℃ 时，迅速进行基布的摊铺，每组三个圆盘试件。将成型好的试件放置 24 h 后，在表面粘结环氧树脂与固化剂，将基布与拉拔试验的拉头密实连接。在 25 ℃ 环境下放置 24 h 后，进行最大拉拔力的测试，试验结果如表 4.7 所示。

表 4.7　不同摊铺温度条件下的最大拉拔力

编号	摊铺温度/ ℃	拉拔强度/MPa	泛油情况
A1	70	0.523	无泛油
A2	90	0.715	无泛油
A3	110	0.823	基布无泛油
A4	130	0.856	轻微泛油
A5	150	0.918	泛油严重

由图 4.15 可以看出，随着摊铺温度的提高，最大拉拔力不断增加，与下层材料的黏结性能也随之上升。对于典型简易路面结构，较高的基布摊铺温度有助于同步碎石封层的黏结。但由图 4.15 可以看出，随着温度的提高，基布

开始出现泛油的情况,当沥青温度大于 110 ℃ 时,泛油的情况开始出现并逐渐明显。综合路面结构的使用性能和施工可行性分析,基布的摊铺温度在 110 ℃ 时,各方面的性能最优。

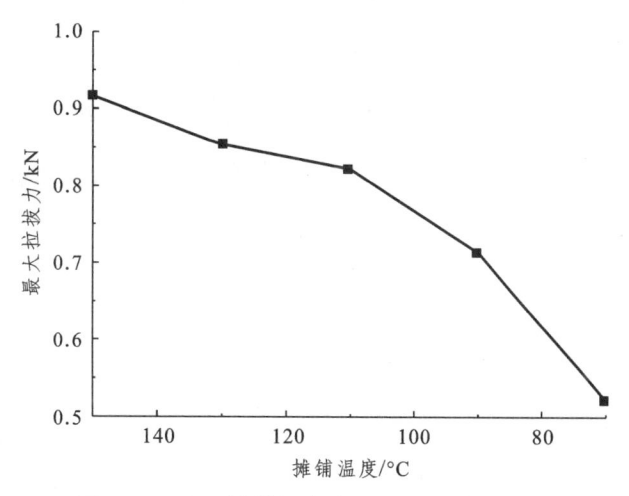

图 4.15 不同摊铺温度条件下的最大拉拔力

4.4.2 沥青黏结用量

基布本身没有黏结性能,需要借助沥青黏层油等黏层材料才能与半刚性基层结构紧密结合。但即便如此,在道路上基布的应用过程中,经常会在基布的上下两层出现滑移的现象,在路面荷载以及环境等因素的作用下,土工布与路面结构层的黏结能力呈下降趋势。

因此,本研究中设计了不同黏层沥青用量下的基布黏结试验,通过相关试件的拉拔试验,总结分析不同条件下的基布黏结性能。

4.4.2.1 拉拔试验

1. 试验内容

按照第 3 章 3.2.2 中设计的试验方法成型试件。在撒布透层油后,分别在试块上撒布不同量的黏层油,沥青用量为 $0.6\ kg/m^2$、$0.8\ kg/m^2$、$1.0\ kg/m^2$、$1.2\ kg/m^2$、$1.4\ kg/m^2$,每组试验包括 3 个平行试件,如图 4.16 所示。

图 4.16 拉拔试验

2．试验结果及分析

拉拔试验结果如表 4.8、图 4.17 所示。

表 4.8　拉拔试验结果

沥青用量/(kg/m²)	最大拉拔力/kN			平均值/kN
0.6	0.32	0.35	0.38	0.35
0.8	0.61	0.52	0.82	0.65
1.0	0.75	0.61	0.5	0.62
1.2	0.75	0.71	0.79	0.75
1.4	0.82	0.79	0.97	0.86

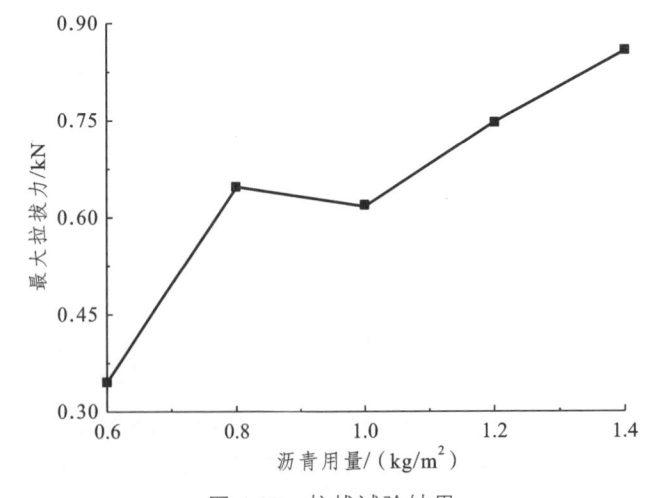

图 4.17　拉拔试验结果

根据以上图表可以看出：

（1）五种沥青用量下出现了两个拉拔力峰值，分别是 0.8 kg/m² 时的 0.65 kN、1.4 kg/m² 时的 0.86 kN，而最小值出现在 0.6 kg/m² 时的 0.35 kN。在最大拉拔力曲线图中，沥青用量在 0.6 kg/m² 附近时，曲线较陡，说明沥青用量小于 0.8 kg/m² 时，最大拉拔力降低很快。

（2）沥青用量在 0.6～1.4 kg/m² 时，出现了两个峰值，且 1.4 kg/m² 时为最大，但考虑到沥青用量的经济性，以及不至于出现富油层，沥青用量也不能过大，因此，0.8～1.2 kg/m² 的沥青用量应为最适宜的沥青用量。

（3）综上所述，本次设计了聚丙烯防裂基布试验，主要评价不同沥青用量时基布与试件之间的黏结力状况；拉拔曲线显示，不同沥青用量时的拉拔力曲线出现了两个拉拔力峰值。考虑到经济因素，得出 0.8～1.2 kg/m² 的沥青用量为最适宜用量。

4.4.2.2 剪切试验

1．试验内容

按照 4.3.2 中设计的试验方法成型试件。在撒布透层油后，分别在试块上撒布不同量的黏层油，沥青用量为 0.6 kg/m²、0.8 kg/m²、1.0 kg/m²、1.2 kg/m²、1.4 kg/m²，基布选择 140 g/m² 规格，每组试验包括 3 个平行试件。

2．试验结果及分析

剪切试验结果如表 4.9、图 4.18 所示。

表 4.9　剪切试验结果

沥青用量/(kg/m²)	最大剪切力/kN			平均值/kN
0.6	14.3	16.6	18.5	4.6
0.8	18.0	20.8	19.4	5.1
1.0	38.4	34.5	40.4	6.5
1.2	32.0	33.4	33.6	6.0
1.4	32.4	29.7	31.9	5.6

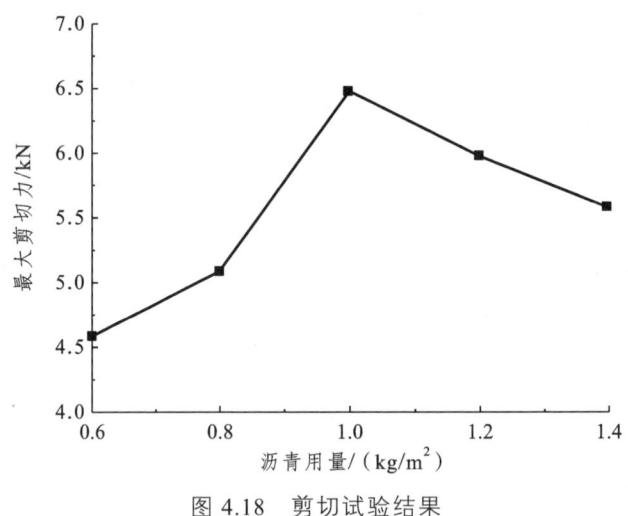

图 4.18 剪切试验结果

从以上图表中可以看出，当黏层沥青用量为 1.0 kg/m² 时剪应力最大，达到 6.5 kN，基布完全满足层间一次抗剪要求。与在拉拔试验中相比，峰值出现在沥青用量为 0.8 kg/m² 时，基本上一致。这也从另一方面验证了黏结性能试验可以在一定程度上评价剪切性能试验。

4.4.3 基布规格

聚丙烯非织造防裂基布可以根据工程需要生产出不同规格的产品，常用的规格有 120 kg/m²、140 kg/m²、150 kg/m²，为了将基布更好地应用于典型简易路面结构中，对不同规格基布的黏结性能进行比较研究。试验选择以上三种规格基布、SBS 改性沥青作为黏层材料，用量为 1.0 kg/m²，采用 4.3.2 所示的拉拔试验与剪切试验进行试验分析，试验结果如表 4.10、图 4.19 所示。

表 4.10 拉拔及剪切试验结果

基布规格/(kg/m²)	最大拉拔力/kN	最大剪切力/kN
120	0.52	6.2
140	0.62	6.5
150	0.59	5.9

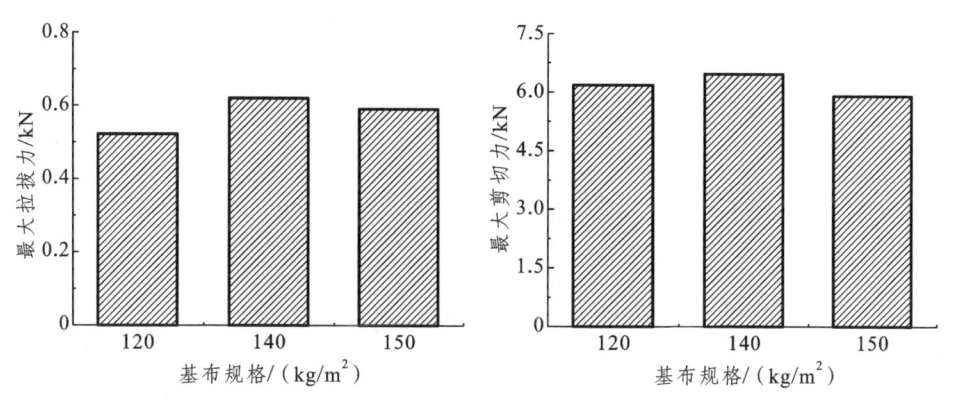

图 4.19 不同基布规格的最大拉拔力与最大剪切力试验结果

由表 4.10 及图 4.19 可知，当基布规格为 140 g/m² 时，最大拉拔力与最大剪切力均处于最高水平，但不同规格间的数据相差不大。常用规格的聚丙烯非织造防裂基布在用于典型简易路面结构时，都可以表现出较高的使用性能。

4.5 同步碎石封层沥青参数研究

4.5.1 沥青种类

选择工程中常用的改性沥青、基质沥青、乳化沥青和橡胶沥青进行试验比较，按照 4.3.2 节中的同步碎石封层脱石率试验方法进行试件的成型。四种沥青的用量通过 4.3.3 节中的沥青用量方法来确定，如表 4.11 所示。

表 4.11 不同沥青的试验用量

沥青种类	乳化沥青	改性沥青	橡胶沥青	基质沥青
用量/(kg/m²)	2.4	1.2	1.2	1.2

注：乳化沥青中残留物含量为 50%。

在表 4.11 所示的沥青用量条件下，沥青裹附碎石高度为碎石封层平均高度的 2/3。碎石的粒径规格为 5~10 mm 的玄武岩，如图 4.20 所示。

将成型好的试件在常温下放置 24 h 后，在 25 ℃ 水中浸泡 1 h，按照 4.3.2 中的试验方法进行脱石率磨耗试验，磨耗试验结果如表 4.12、图 4.21 所示。

图 4.20　不同种类沥青脱石率试验试件（磨耗前）

表 4.12　不同沥青种类时的脱石率

编号	沥青种类	脱石率/%
Z1	橡胶沥青	15
Z2	改性沥青	19
Z3	石油沥青	32
Z4	乳化沥青	24

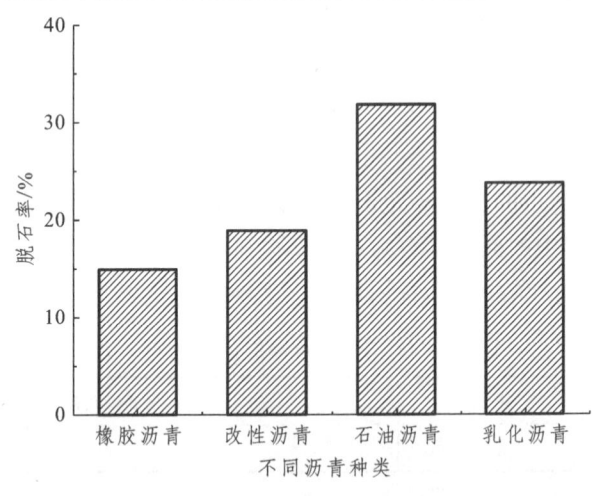

图 4.21　不同沥青种类时的脱石率

由表 4.12 及图 4.21 不同沥青种类条件下同步碎石封层脱石率结果可知，采用乳化沥青、基质沥青、改性沥青和橡胶沥青作为黏结材料的同步碎石封层脱石率具有一定差异，其中橡胶沥青的试件脱石率最低，碎石与沥青之间表现出较优的黏结性能，其次是改性沥青、乳化沥青、基质沥青。

脱石率可以表征出表面碎石在行车荷载下抵抗剥落的能力,与沥青和碎石间的黏附性以及沥青本身的黏结性能关系密切。橡胶沥青黏度最大,脱石率分别比其他三类沥青低 4%、17%、9%;改性沥青与乳化沥青之间的脱石率相差较小,这是由于改性沥青的黏度较大,但乳化沥青在破乳之前可以更好地渗入碎石的开口孔隙,因此与碎石间的黏附性较好。

根据以上结果可知,橡胶沥青同步碎石封层耐久性较好,但是橡胶沥青生产工艺相对其他沥青较为复杂,施工温度较高,对施工工艺要求也较高,适于经济较发达区域使用。改性沥青使用性能较优、造价低、施工工艺简单,在西藏地区农村公路适用性强。

4.5.2 沥青用量

根据上一节的试验结果,选择改性沥青作为碎石黏结料来对同步碎石封层的沥青用量进行优化。沥青用量分别为 0.7 kg/m^2、1.0 kg/m^2、1.3 kg/m^2、1.6 kg/m^2、1.9 kg/m^2,选用 5~10 mm 规格的玄武岩碎石,碎石用量为 10 kg/m^2。根据 4.3.2 所示的试验方法进行脱石率试件的成型。试件成型 24 h 后,在 25 ℃ 水浴环境中浸泡 1 h,进行脱石率磨耗试验,实验结果如表 4.13、图 4.22 所示。

由表 4.13 及图 4.22 可知,改性沥青用量与脱石率之间呈现近似为"L"形,随着改性沥青用量增加,同步碎石封层的脱石率降低,当改性沥青用量到达"L"形拐点后,随着沥青用量增加,同步碎石封层的脱石率降低变化较小,说明拐点附近的沥青用量为最佳用量范围。从经济角度以及避免泛油角度分析可知,最佳沥青用量范围为 1.0~1.3 kg/m^2,根据 4.3.2 中的试验方法,得出黏附高度为封层高度的 55.3%~71.2%,基本上也是在 2/3 高度左右,与传统的经验法确定用量接近。

表 4.13 不同沥青用量时的脱石率

编号	沥青用量/(kg/m^2)	脱石率/%
Y1	0.7	45
Y2	1.0	22
Y3	1.3	18
Y4	1.6	14
Y5	1.9	13

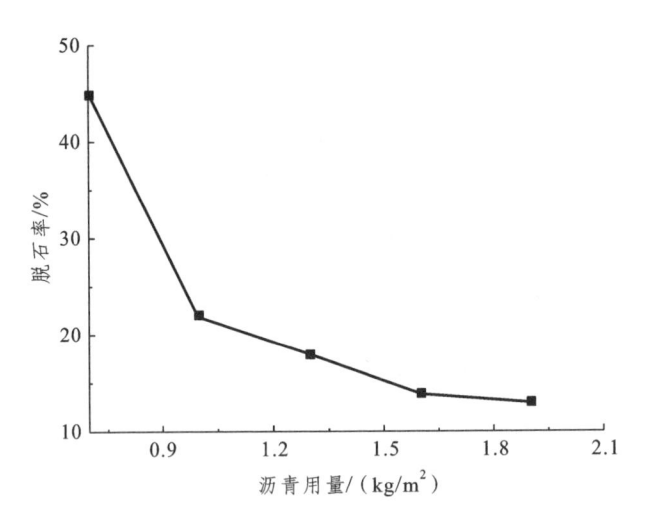

图 4.22　不同沥青用量时的脱石率

分析可知，当沥青用量小于最佳用量时，沥青层过薄，石料黏附层过浅，脱石率随着沥青减少而递增。当沥青用量过大时，同步碎石封层的脱石率变化缓慢，因为随着沥青用量增加，同步碎石封层中沥青层较厚，变成悬浮密实型，从而失去同步碎石封层特征。此外，由于沥青使用量较高，容易出现泛油等病害。

4.6　同步碎石封层所用碎石研究

西藏地区农村公路碎石的选择一般是因地制宜，选择当地的石材来进行道路的铺筑。同步碎石封层对碎石的粒径、级配、岩性有一定要求，但不同碎石条件下的同步碎石封层的脱石率变化情况尚未明确，本节选择工程中常用的石灰岩、辉绿岩、花岗岩以及玄武岩来进行试验研究。

4.6.1　碎石种类

分别选择 5~10 mm 规格的石灰岩、玄武岩、花岗岩及辉绿岩进行脱石率试验。碎石用量确定为 10 kg/m²，沥青用量为 1.2 kg/m²。脱石率试验结果如表 4.14、图 4.23 所示。

表 4.14 不同碎石种类时的脱石率

编号	碎石种类	脱石率/%
SZ1	花岗岩	35
SZ2	玄武岩	19
SZ3	辉绿岩	22
SZ4	石灰岩	14

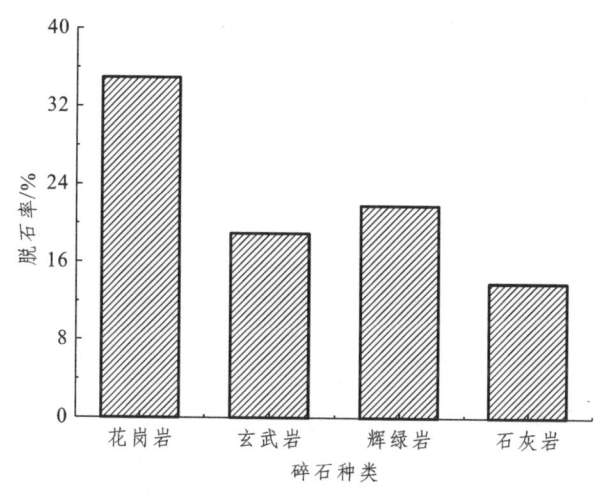

图 4.23 不同碎石种类时的脱石率

由图 4.23 可知，在相同用量的沥青和石料条件下，不同碎石的脱石率存在差异，脱石率由小到大顺序依次为石灰岩、玄武岩、辉绿岩、花岗岩，花岗岩的脱石率最大。分析可知，各种石料的黏附性、强度的不同决定了同步碎石封层抵抗碎石剥落的能力。在脱石率磨耗试验中，促使碎石剥离的应力主要来自橡胶压头摩擦的作用，因此石料强度表征不明显，主要是石料与沥青间的黏附性起作用。石灰岩作为基性岩石，与沥青的黏附性高，因此脱石率较低。花岗岩为酸性岩石，与碎石间的黏附性较差，同步碎石封层抵抗剥落的能力随之降低。

在实际工程中，由于路面长期承受行车荷载的作用，对碎石的强度也有一定要求。石灰岩的强度普遍较低，其他三种岩石的强度满足要求，考虑到综合性能，建议选择玄武岩或者辉绿岩作为封层碎石。在使用石灰岩时，应选择强度较高的材料；使用花岗岩等酸性岩石时，建议添加抗剥落剂改善黏结性能。

4.6.2 碎石用量

同步碎石封层所用碎石级配为单一粒径,碎石的用量在理想状态下撒布率为 100%。但在实际施工中,由于机器的精密程度有限,以及现场条件的复杂性,无法保证撒布率为 100%,研究碎石用量对脱石率的影响有助于为施工时碎石用量提供指导。

试验所用碎石为玄武岩,规格为 5~10 mm,碎石用量分别为 7.5 kg/m²、8.0 kg/m²、8.5 kg/m²、9.0 kg/m²、9.5 kg/m²、10.0 kg/m²。选用改性沥青,用量为 1.2 kg/m²。根据上文试验方法进行脱石率试验,试验结果如表 4.15、图 4.24 所示。

表 4.15 不同碎石用量时的脱石率

编号	碎石用量/(kg/m²)	脱石率/%
SY1	7.5	26
SY2	8.0	17
SY3	8.5	15
SY4	9.0	20
SY5	9.5	22
SY6	10.0	21

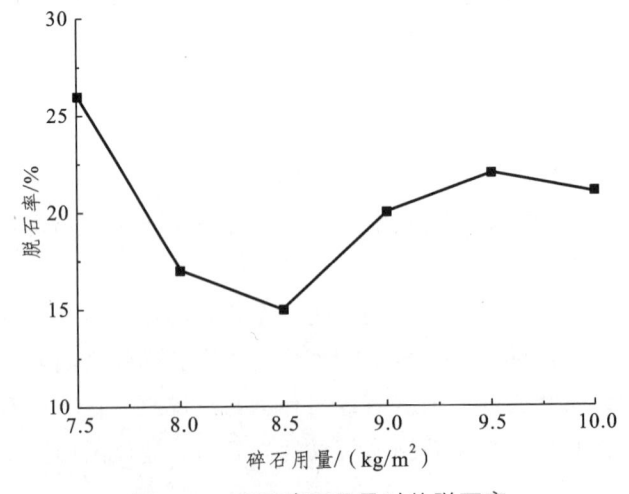

图 4.24 不同碎石用量时的脱石率

由图 4.24 可知，当碎石用量为 8.0～9.0 kg/m² 时，同步碎石封层的脱石率处于较低水平，增大或者减小碎石的用量，脱石率都有不同程度的增加。而由试件表面碎石的分布情况可以看出，碎石用量为 8.0～9.0 kg/m² 时的碎石撒布率基本在 100% 左右。分析可知，当同步碎石封层的集料用量过少时，表层单位面上石料过于稀疏，单颗粒径上的石料受到的轮胎摩擦力较大，容易发生剥离；而当石料用量大于最佳用量时，石料用量过多，同步碎石封层单位面积上石料过于密集，表面层单颗粒径石料与沥青黏附面积减小，在外界条件下，同步碎石封层脱石率随着石料用量的增加而增加。

4.6.3 碎石最大粒径

在同步碎石封层结构中，碎石作为主要的承重材料，既要承担剪切方向的应力，也要承受行车荷载的直接垂直应力，这对碎石提出了更高的要求。现有研究表明，单一的粒径碎石具有更优良的抗剥落性，和沥青的整体黏结性也更加牢固。在传统的应用中，往往将碎石的最大粒径作为确定同步碎石封层适用条件的指标，按照石料的粒径范围，可以分为细封层、粗封层和加粗封层三种类型。各种类型的特点如表 4.16 所示。

表 4.16 不同级配范围集料的适用范围

类型	石料级配范围	适用范围
细封层	3～5	高等级路面的下封层、轻型交通量道路的表面封层、半刚性基层的防水层
粗封层	5～10	作为单层，主要用于路面平整度较好、平滑无泛油或粗糙的各种交通量的路面；作为多层，用于路面的磨耗层或抗滑表层
加粗封层	10～15	非常大交通量的高速公路、国道及省道的底层

由表 4.16 可以看出，粒径较大时，封层的厚度增加，整体强度随之提高，这对提高农村公路的使用寿命有一定好处。但不同粒径范围的碎石与沥青的裹附比表面积不同，脱石率也有所差异。本书选择封层常用的封层最大粒径，使用 10～15 mm、5～10 mm、3～5 mm 规格的单一粒径玄武岩进行同步碎石封

层脱石率试验,改性沥青用量为 1.2 kg/m²,通过 4.3.3 中方法确定沥青用量,如表 4.17 所示。

表 4.17　不同规格碎石的沥青用量

碎石粒径规格/mm	沥青用量/(kg/m²)
3~5	0.8
5~10	1.2
10~15	1.6

采用以上材料及配比成型试件,进行脱石率磨耗试验,试验结果如表 4.18、图 4.25 所示。

表 4.18　不同碎石规格时的脱石率

编号	碎石规格/mm	脱石率/%
SZ1	3~5	16
SZ2	5~10	21
SZ3	10~15	48

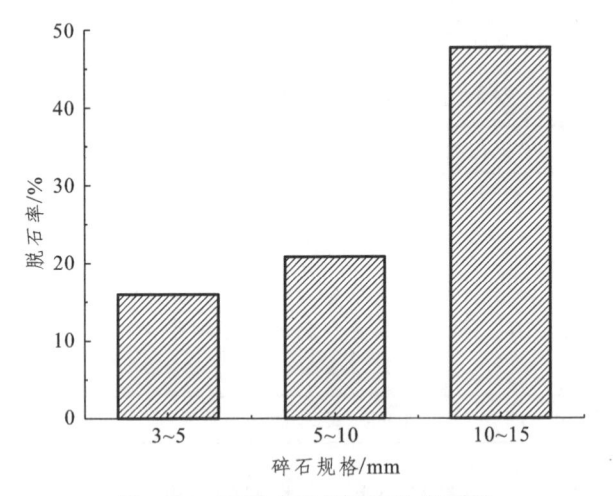

图 4.25　不同碎石规格时的脱石率

由图 4.25 可知,当碎石的最大粒径越小时,脱石率越小,本试验中碎石规格为 3~5 mm 时,脱石率为 16%。随着最大粒径的增加,脱石率也随之增大,当粒径范围为 10~15 mm 时,脱石率为 48%,与 3~5 mm 规格碎石相比,脱石率增大了 200%。这说明，在沥青裹附高度一定时，碎石最大粒径的增加会降低同步碎石封层抵抗剥落的能力。

分析可知，当碎石粒径减小时，裹附碎石比表面积增加，与碎石间的黏附力也相应增强。在实际工程中，虽然粒径较小时，脱石率较低，但由于整体厚度薄，强度低，在车辆长期荷载作用下，路面容易发生坑洞、表面松散等破坏。因此，建议在铺筑单层单一粒径碎石的同步碎石封层时，使用 5～10 mm 规格的碎石。

第 5 章　典型简易路面结构在西藏地区的适用性分析

5.1 概述

西藏地区气候条件特殊，气温低、昼夜温差大、空气稀薄、日照长、辐射强，对农村低等级公路性能提出了更高的要求。因此，针对特殊的气候条件，研究典型简易路面结构的适应性是非常有必要的。本章首先对西藏特殊的气候条件进行分析，然后选择对典型简易路面结构影响最大的气候因素，通过在实验室内模拟各项自然环境，来对其适应性进行综合研究。

5.2 西藏地区气候环境分析

5.2.1 西藏气候概况

由于青藏高原独特的地形地貌和高空大气环境以及天气系统的影响，形成了西藏地区复杂多样的独特高原气候带，不仅具有西北严寒干燥与南亚湿热气候分布特点，还有其他多种多样的局地与区域小气候特点，尤其是高原高山的垂直气候带谱分布十分明显，是我国气候类型最多的地区之一。

5.2.2 西藏气候特点

从气温、降水和太阳辐射角度分析，西藏气候有如下特点：

1. 气温

（1）年平均气温低。

由于海拔高，西藏地面气温远比同纬度平原地区低，年均气温在 $-2.8 \sim 12.0\ ℃$ 之间，并呈东南向西北递减的分布规律。月平均气温 6、7 月份最高，1 月份最低。西藏极端最高气温于 1983 年 7 月 11 日出现在八宿县，为 $32.4\ ℃$；极端最低气温于 1987 年 12 月 25 日出现在改则县，为 $-44.6\ ℃$。

（2）年温差小、日温差大。

气温年变化小，日变化大的特点明显。西藏拉萨、昌都、日喀则等地的气温年较差为 18～20 ℃，而纬度相近的武汉、南京地区是 26 ℃。阿里高原、藏北高原和雅鲁藏布江年平均气温日较差在 15 ℃ 以上，南部边缘地区的聂拉木为全区最低，但仍达到 10.1 ℃，而成都、长沙、南昌的年均温度日较差仅为 7 ℃。

（3）年积温少。

西藏大部分地区年大于等于 0 ℃ 的积温不足 1 500 ℃。其总体分布趋势是：随着海拔的升高和经、纬度的增大而减少。海拔高度每升高 100 m，大于等于 0 ℃ 的积温平均减少 150.6 ℃；纬度增加 1°，积温平均减少 14.9 ℃；经度增加 1°，积温平均减少 22.5 ℃。西藏北部有很大面积的地区大于等于 10 ℃ 的积温不到 500 ℃，甚至不出现气温大于等于 10 ℃ 的天数。

2．降水

（1）南多北少。

西藏地区由于海拔差异很大，降水量分布不均，总体趋势是由东南向西北逐渐减少。喜马拉雅山脉南坡和藏东南海拔 1 000 m 以下的地区年降水量达 2 500 mm，是西藏降水最多的地区，也是全国多雨地区之一。藏北高原北部海拔 4 700～5 500 m 的地区大多数地方年降水量在 100～150 mm，海拔 5 500 m 以上的地区，终年积雪，是全国少雨地区之一。降水日数也由东南向西北递减，藏东地区年降水日数 160 d 左右，其中波密可达 190 d 以上，那曲以东减至 120 d 左右，往西到申扎只有 91 d，到改则和狮泉河则不足 50 d。

（2）干湿季分明。

西藏按照降雨量分为雨季和干季，且干湿季分明，其中降雨主要集中分布在夏季。每年 10 月至翌年 4 月，西藏高原上空为西风急流，地面为冷高压控制，少雨雪，降水量仅占全年降水量的 10%～20%，如拉萨 10 月至翌年 4 月降水量只占全年降水量的 3%，故被称为干（旱）季或风季。5～9 月，高原近地面层为热低压控制，高原季风发展，在它的支配下，西藏各地降水量非常集中，一般都占全年降水量的 80%～90%。西藏西北部和雅鲁藏布江中上游地区，6～9 月份集中了全年降水量的 90%，西藏东部昌都地区 5～9 月集中了全年降水量的 80%～90%，唯有西藏东南边境地区年降水的季节分配较均匀。

(3)多夜雨。

西藏夏季夜雨多。西藏平均年夜雨量为 47.6～599.7 mm，占年降水量的百分率（简称夜雨率）在 50% 以上，其中沿江一线较高，为 76%～84%，如拉萨市大部、日喀则、南木林夜雨率在 80% 以上，又以拉萨最高，达 84%，是西藏和全国的高值中心。

3．太阳辐射

（1）太阳辐射强。

西藏地区所处纬度较低，但由于海拔高，空气稀薄，所含尘埃和水汽少，干季云量少，雨季中白天也很少有云层密布，太阳辐射强，日照长，是我国太阳辐射高值中心区，光能资源居于全国第一，年均太阳辐射总量为 6 000～8 000 MJ/m^2，是我国东部沿海地区的 1.5～2 倍，在世界上仅次于撒哈拉大沙漠。其分布自东南向西北递增，其中西部狮泉河镇最大，高达 808.1 kJ/(cm^2·a)，比纬度相近的华北平原、黄土高原的 150.7～234.5 kJ/(cm^2·a)，高出 3～5 倍。

（2）气压低。

西藏年均气压在 65.25 kPa 以下，不足海平面的 2/3，约为平原地区的 62.64%。空气密度 0.57～0.89 kg/m^3，含氧量大多在 0.166～0.186 kg/m^3，均为海平面的 60%～70%，纯水的沸点为 80～90 ℃。

（3）日照时间长。

西藏地区日照时数一般 5 月最大、12 月最小，春、夏季最大，秋、冬季最小；年平均日照时数在 1 475～3 555 h 之间，西部最多，依次向东南方向减少。此外，西藏高原的紫外线辐射也特别丰富。

5.2.3　西藏气候分区

西藏地区复杂的地形，破坏了气候的纬度地带性，使气候的水平变化与垂直变化交织在一起，气候类型复杂多样。不仅具有西北严寒、东南温暖湿润的特点，而且呈现出从东南向西北的带状更替。

根据西藏各地的水热条件和干湿情况，可把西藏划分为 2 个气候区、5 个气候带、10 个气候地区、16 个气候小区。2 个气候区是以喜马拉雅山主脊为界，主脊以南为非高原气候区，以北为高原气候区。5 个气候带由藏东南向西北依次为热带、亚热带、高原温带、高原亚寒带和高原寒带。10 个气候地区及气候小区为喜马拉雅山南翼热带、亚热带湿润气候区、藏东南温带湿润高原季风气候区（分轻、重、无3个霜冻小区）、雅鲁藏布江中游温带半湿润高原季风气候区（分3个小区）、藏南温带半干旱高原季风气候区（分3个小区）、那曲亚寒带半湿润高原季风气候区（分2个小区）、羌塘亚寒带半干旱高原季风气候区（分2个小区）、阿里温带干旱高原季风气候区、阿里亚寒带干旱高原季风气候区、昆仑山寒带干旱高原季风气候区。气候的垂直变化在高原东南和东部高山地区峡谷特别明显，在水平距离仅数十千米的范围内，自下而上呈现出热、温、寒三种气候带。气候的垂直带谱自东南向西北递减，藏东南迎巴瓦峰南坡有9个垂直带谱，而藏西北的喀喇昆仑山只有2~3个垂直带谱。

5.3 试验方案

根据上文介绍，受青藏高原独特地形地貌、高空大气环境以及天气系统的影响，西藏地区形成了复杂多样的独特高原气候带。根据相关研究，低温、大温差、降雨对典型简易路面结构的影响最为明显，本书主要是针对以上因素进行分析，研究典型简易路面结构对高原气候的适应性。

5.3.1 西藏地区气候环境对典型简易路面结构的影响

1. 低温影响

由于海拔高，西藏地区的地面气温比同纬度平原地区低，年平均气温在 $-2.8 \sim 12.0\ ℃$，部分地区年极端低温达零下 $40\ ℃$。低温条件下，沥青路面的强度和劲度都会明显增大，变形能力显著下降，容易出现脆性破坏，导致表层开裂。对于典型简易路面结构而言，则对其表层同步碎石封层的使用性能产生影响。

温度的下降导致半刚性基层收缩并产生裂缝，随着裂缝的扩张，带动裂缝口上端面层伸长，导致拉应力集中。当拉应力超过面层的极限抗拉强度后，反射裂缝就会发生。在每日的温度循环变化中，裂缝上端口附近的面层将受到拉压应力的反复作用，面层也会因此产生疲劳裂缝。

2．温差影响

青藏高原地区空气密度小，受大气热力状况的影响，白天对太阳辐射的削弱作用低，晚上大气对地面辐射的保温作用差，白天升温快，夜晚降温快，昼夜温差较大。表5.1所示为2000年南京、成都、拉萨和日喀则四个气象站在降温期（9～12月）的日平均气温、日平均最高气温和最低气温的统计图，这四个气象站的纬度站均在北纬29°～31°之间，纬度影响较小。由图可以看出，西藏地区的日温差比内地要大得多且降温期的最低气温较低。在大温差作用下，路面极易产生温缩破坏。

表5.1　南京、成都、拉萨、日喀则2000年9～12月气温资料汇总表

气象站	平均日温度/℃	平均最高日温度/℃	最高日温度/℃	平均最低日温度/℃	最低日温度/℃	平均日温差/℃	最大日温差/℃
南京	14.41	19.18	35.80	10.76	−6.90	8.41	16.20
成都	16.00	20.62	37.00	12.48	−5.80	8.14	16.10
拉萨	6.67	14.79	21.70	0.70	−10.40	14.09	23.50
日喀则	4.31	13.61	21.00	−3.18	−15.70	16.79	25.30

3．降雨及融雪影响

西藏地区干湿季节分布明显，在雨季以及融雪季节，路面受水分影响显著。

5.3.2　适应性评价指标选取

典型简易路面结构由水稳基层、聚丙烯非织造防裂基布以及同步碎石封层组成。水稳基层主要承担行车荷载的作用；聚丙烯非织造防裂基布作为中间层，既可以起到防止下层裂缝向上反射的作用，又可以防止上层水分的渗入；同步碎石封层作为面层结构，直接和行车轮胎接触，并承受外部环境的直接作用。

根据项目研究实验以及以往工程实例，重点选择同步碎石封层脱石率、基布与基层间的黏结性能以及整体的防反射裂缝性能作为评价指标。

5.3.3 适应性研究方案

通过以上分析,结合西藏地区气候环境和农村行车环境特性,本书对低温、大温差、雨水及融雪进行室内模拟,选择脱石率、层间黏结性能与防反射裂缝性能对典型简易路面结构进行综合评价,如图 5.1 所示。

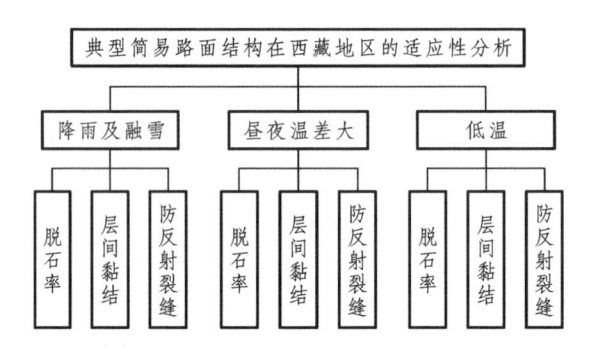

图 5.1 典型简易路面结构在西藏地区的适应性评价

5.4 低温环境

根据上文分析,在实验室内模拟低温环境,分别成型同步碎石封层磨耗试件、水稳黏结强度试件,最低温度定为 −20 ℃。

5.4.1 表层脱石率

采用 4.3.2 中所示试验方法进行脱石率试验。同步碎石封层中,SBS 改性沥青用量为 1.2 kg/m^2,5~10 mm 规格玄武岩用量为 8.5 kg/m^2,选用 140 g/m^2 规格基布。成型四组试件,其中两组设置摊铺基布,另外两组没有基布,每组三个平行试验。将成型的试件,其中两组放入 −20 ℃ 环境中,另两组于室温 25 ℃ 中放置,24 h 后取出进行磨耗试验。试验结果如表 5.2、图 5.2 所示。

表 5.2　不同处置条件时的脱石率

处置条件	基布摊铺	脱石率/%
−20 ℃ 24 h	有基布	24
	无基布	38
25 ℃ 24 h	有基布	19
	无基布	32

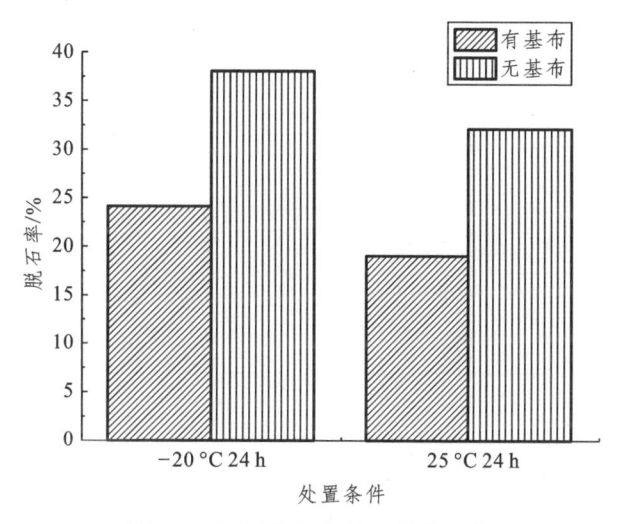

图 5.2　不同处置条件下的脱石率

由以上图表可以看出，典型简易路面结构在添加基布的情况下，低温条件下试件的脱石率比常温时提高了 26.3%；与不加基布时相比，添加基布的同步碎石封层表面的脱石率比常温时提高了 18.8%；但有基布的封层试件经过低温处置后，仍然比无基布的常温处置试件脱石率低 37.5%，说明低温条件会对典型简易路面结构产生一定影响，但与传统的同步碎石封层结构相比，仍然处于较高水平。

5.4.2　层间黏结性能

根据 4.3.2 中层间黏结性能试验成型试件。拉拔试验与剪切试验中，黏层沥青采用 SBS 改性沥青，用量为 1.0 kg/m^2，基布规格为 140 g/m^2。试件分别成型两组，每组三个平行试验，将其中一组放入 −20 ℃ 环境中；另一组于室温 25 ℃ 中放置，24 h 后取出立即进行磨耗试验。试验结果如表 5.3、图 5.3 所示。

表 5.3　不同处置条件时的层间黏结性能

处置条件	最大拉拔力/kN	最大剪切力/kN
−20 ℃ 24 h	0.75	8.6
25 ℃ 24 h	0.62	6.5

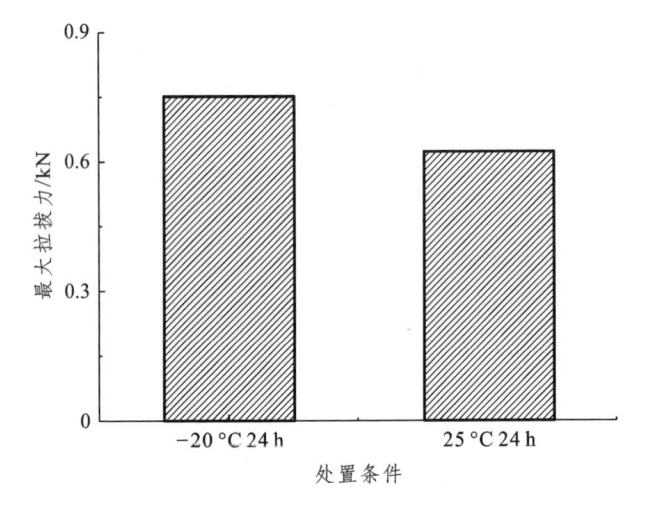

（a）最大拉拔力

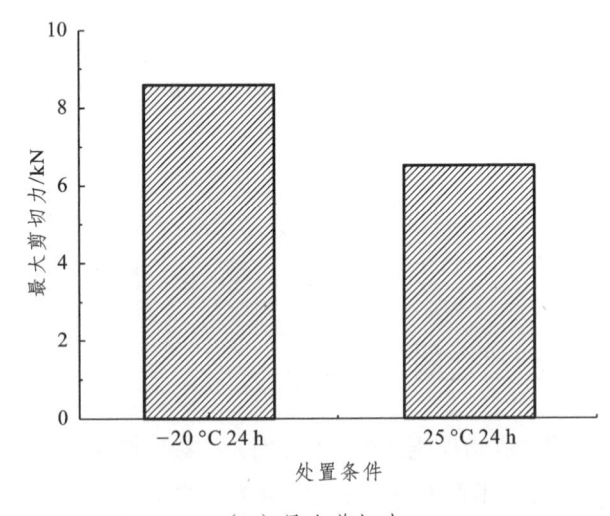

（b）最大剪切力

图 5.3　不同处置条件时的层间黏结性能

由以上图表可知，低温条件下，试件的拉拔强度与常温处置相比，提高了15%；剪切强度与常温处置相比，提高了20%。这是因为沥青在低温条件下，硬度增加，黏结力大，所以拉拔强度和剪切强度均较高，说明低温环境对典型简易路面结构的层间黏结性能影响较小。

5.5 昼夜温差

为了对昼夜温差进行更好的模拟，选择低温处置在 $-20\ ℃$ 条件下放置 24 h，高温处置为 30 ℃ 条件下放置 24 h。

5.5.1 表层脱石率

参照 4.3.2 中试验方法进行脱石率试件的成型，同步碎石封层使用改性沥青，沥青用量为 $1.2\ kg/m^2$，碎石采用 5~10 mm 规格的玄武岩，用量为 $8.5\ kg/m^2$。试件分为两组，每组三个平行试件，试件成型完毕并养护后，将其中一组放入 $-20\ ℃$ 条件中，24 h 后取出并立即放入 25 ℃ 中 24 h；另一组在常温条件下对比放置。处置时间结束后进行脱石磨耗试验，试验结果如表 5.4、图 5.4 所示。

表 5.4 不同处置条件时的脱石率

处置条件	基布摊铺	脱石率/%
$-20\ ℃\ 24\ h + 25\ ℃\ 24\ h$	有基布	21
	无基布	31
25 ℃ 48 h	有基布	19
	无基布	32

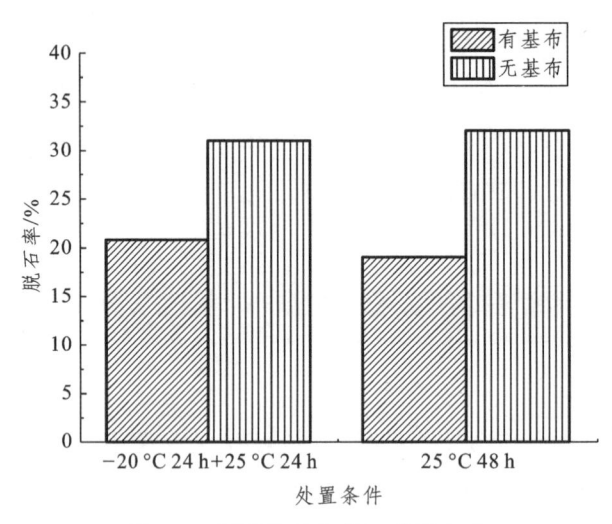

图 5.4　不同处置条件下的脱石率

如以上图表所示,经过大温差处置的磨耗试件的脱石率与常温条件下相差不大,这是由于昼夜温差并没有对沥青的黏结能力产生影响,所以该条件对脱石率的影响也有限。

5.5.2　层间黏结性能

根据 4.3.2 中层间黏结性能试验成型试件。拉拔试验与剪切试验中,黏层沥青采用 SBS 改性沥青,用量为 1.0 kg/m²,基布规格为 140 g/m²。试件分别成型两组,每组三个平行试验,其中一组放入 −20 ℃ 环境中 24 h,取出后放入 25 ℃ 环境中放置 24 h;另一组于室温中放置,处置时间结束后进行测试。试验结果如表 5.5、图 5.5 所示。

表 5.5　不同处置条件时的层间黏结性能

处置条件	最大拉拔力/kN	最大剪切力/kN
−20 ℃ 24 h + 25 ℃ 24 h	0.64	6.6
25 ℃ 24 h	0.62	6.5

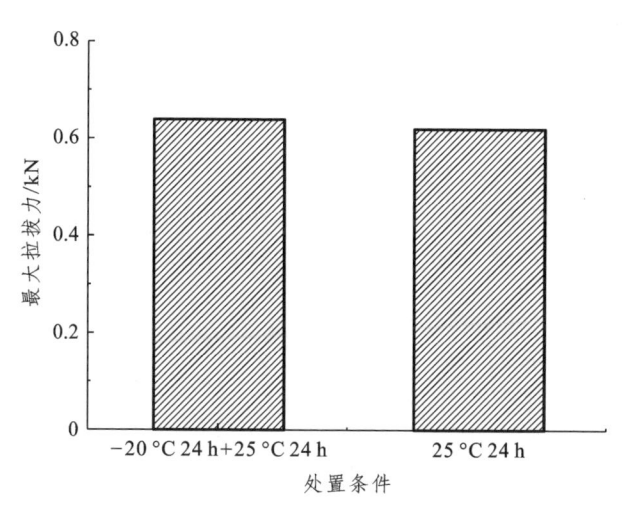

(a) 最大拉拔力

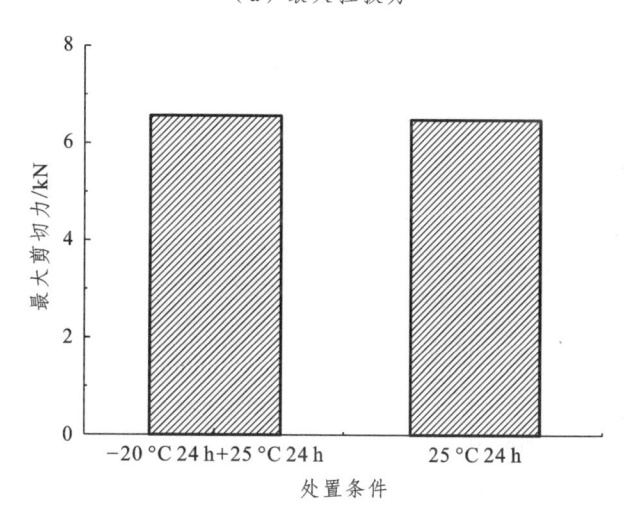

(b) 最大剪切力

图 5.5 不同处置条件时的层间黏结性能

由以上图表可以看出，无论拉拔强度还是剪切强度，对大温差条件处置过后，强度变化都很小，说明黏结性能受大温差的影响较小。与上文中的分析相似，层间黏结性能主要依赖于沥青的黏附性。昼夜温差对沥青的影响有限，对整体黏结性能的影响同样较小。

5.6 融雪浸水

对融雪和雨水的模拟主要通过将试件浸泡在水中以及冻融两种方式实现。浸泡处置是将试件放置于 25 ℃ 水中 24 h；冻融是指先将试件浸水淹没，在 −20 ℃ 的条件下放置 24 h，取出后在 25 ℃ 的水中浸泡 16 h。

5.6.1 表层脱石率

参照 4.3.2 中试验方法进行脱石率试件的成型，同步碎石封层使用改性沥青，沥青用量为 1.2 kg/m^2，碎石采用 5~10 mm 规格的玄武岩，用量为 8.5 kg/m^2。试件分为四组，每组三个平行试件，试件成型完毕并养护后，将其中一组浸水后放入 −20 ℃ 条件下，24 h 后取出并立即放入 25 ℃ 水中 16 h；第二组在常温条件下对比放置；第三组只在 25 ℃ 水中放置 24 h；第四组在常温条件下对比处置。处置时间结束后进行脱石磨耗试验，试验结果如表 5.6、图 5.6 所示。

表 5.6　不同处置条件时的脱石率

编号	处置条件	脱石率/%
A	−20 ℃ 24 h 浸水 + 25 ℃ 24 h 浸水	42
B	25 ℃ 48 h	17
C	25 ℃ 24 h 浸水	35
D	25 ℃ 24 h	19

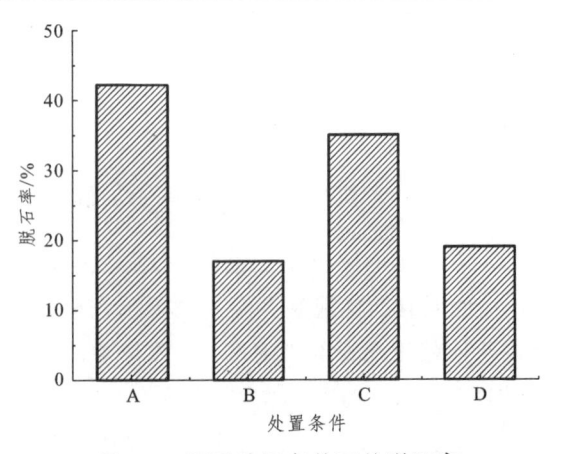

图 5.6　不同处置条件下的脱石率

由以上图表可以看出，仅对试件进行浸水处理后，脱石率提高了 8%，说明水分会减弱典型简易路面结构抵抗剥落的能力；当试件经过冻融处理后，脱石率比常温条件下提高了 15%，说明冻融会进一步减弱路面结构抵抗剥落的能力。在实际的工程中，应加强路面的排水能力。

5.6.2 层间黏结性能

根据 4.3.2 中层间黏结性能试验成型试件。拉拔试验与剪切试验中，黏层沥青采用 SBS 改性沥青，用量为 1.0 kg/m²，基布规格为 140 g/m²。试件分别成型四组，每组三个平行试验，将其中一组放入 −20 ℃ 环境中 24 h；取出后放入 25 ℃ 水中放置 24 h，另一组于室温中放置；第三组试件直接放置于 25 ℃ 水中 24 h；第四组则作为对比试件进行常温放置。处置时间结束后进行测试，试验结果如表 5.7、图 5.7 所示。

表 5.7　不同处置条件时的脱石率

编号	处置条件	最大拉拔力/kN	最大剪切力/kN
A	−20 ℃ 24 h 浸水 + 25 ℃ 24 h 浸水	0.44	4.2
B	25 ℃ 48 h	0.63	6.8
C	25 ℃ 24 h 浸水	0.51	5.7
D	25 ℃ 24 h	0.62	6.5

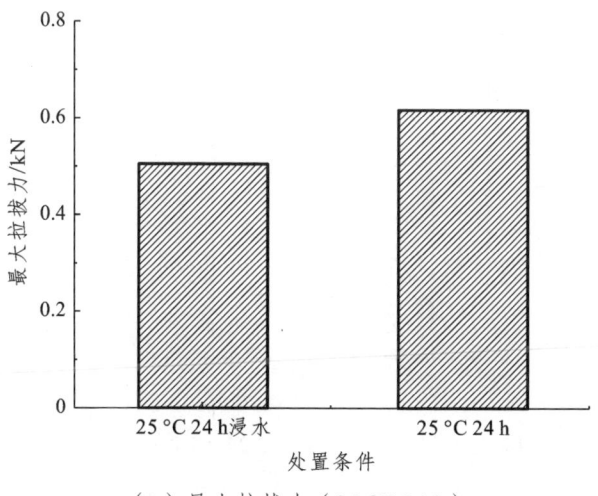

（a）最大拉拔力（25 ℃ 24 h）

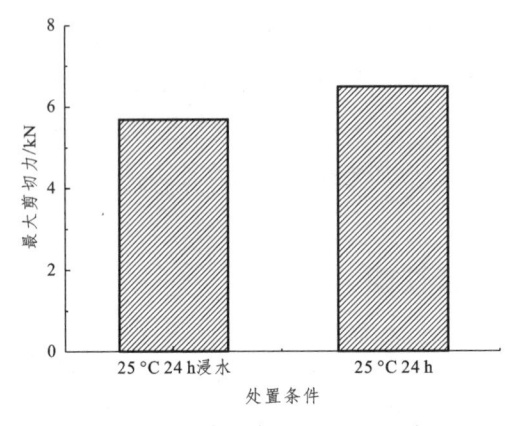

（b）最大剪切力（25 ℃ 24 h）

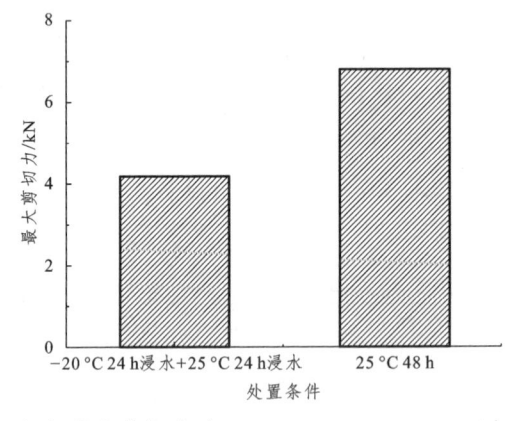

（c）最大剪切力（−20 ℃ 24 h + 25 ℃ 24 h）

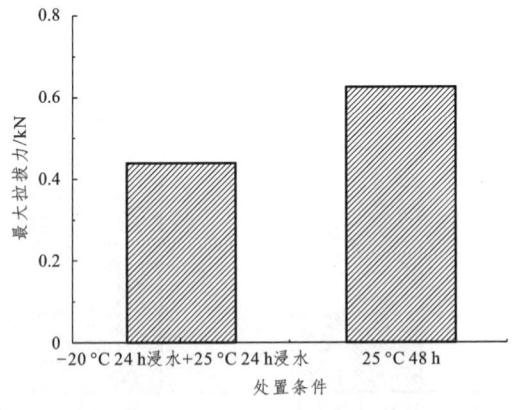

（d）最大拉拔力（−20 ℃ 24 h + 25 ℃ 24 h）

图 5.7　不同处置条件时的最大剪切力及最大拉拔力

由以上图表可知,与常温条件处置相比,浸水以及冻融条件下的试件黏结性能均有小幅下降,表明水分的浸入以及冻融条件都会损害典型简易路面结构的层间黏结性能。但对典型简易路面结构而言,由于沥青的撒布以及基布的铺设都是连续施工,路面通行后,表面的水分很难渗入层间,所以对典型简易路面结构的实际工程而言,层间黏结性能会处于较高的水平。

5.7 施工和易性

典型简易路面结构的施工程序较为简单,水稳养护成型后,表层热沥青的撒布以及基布的摊铺都由机械完成;基布摊铺完毕后,通过同步碎石封层车来进行面层的施工,经过人工将表面的碎石清扫均匀,使表面尽量保持单层分布。使用钢轮压路机将表层碎石压平。在以上过程中,各项材料参数指标合格的情况下,温度成为对整体性能影响最大的因素,无论水稳表面沥青的撒布温度还是同步碎石封层车沥青的撒布温度,都应控制在合理的范围内。

在西藏部分地区,由于全年平均温度较低,对典型简易路面结构的施工会产生一定影响。根据试验路的铺筑以及前期工程经验可知,水稳黏层热沥青撒布后,外界温度对其影响较小,同步碎石封层沥青撒布后,由于碎石间隔时间在 1 s 之内,温度下降有限,外界温度环境对沥青与碎石间的裹附能力影响相对较小。但由于表层的碾压与前面施工环节间隔时间通常为几分钟,沥青温度下降后,碾压效果大打折扣。因此,本节对碾压的温度以及补救措施进行研究。

5.7.1 碾压温度

1. 温度影响原理

当碎石刚被撒到沥青上面时,沥青会迅速将碎石裹附,由于沥青温度较高,流动性好,碎石的裹附面积大,其黏结力也随之增加,如图 5.8、图 5.9 所示。由于碎石的粒径分布并不十分均匀,通过碾压将形状不规则的碎石碾压至较大平面处于上表面位置,如图 5.10、图 5.11 所示。但由于同步碎石封层施工过后,沥青温度迅速下降,压路机碾压不能保证表面平整,当表层碎石呈乱向分布时，路面整体平整度下降，构造深度增加，在行车荷载作用下，路面与轮胎之间的摩擦力也随之增加，碎石容易脱落，严重影响典型简易路面结构的使用性能。

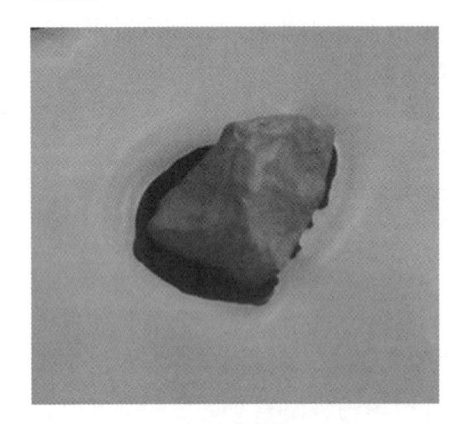

图 5.8　温度 100 ℃

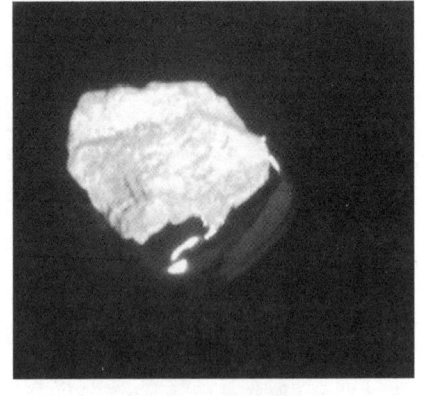

图 5.9　温度 165 ℃

图 5.10　表面碎石未碾压状态

图 5.11　表面平整

2．不同碾压温度条件下的脱石率

参照 4.3.2 中脱石率试验方法进行试验，本节主要是为了模拟不同碾压温度时的面层抵抗剥落能力，因此撒布好碎石过后，使用温枪对沥青温度进行实时观测，待温度分别为 160 ℃、140 ℃、120 ℃、100 ℃、80 ℃ 时进行碾压。使用沥青为 SBS 改性沥青，用量为 1.2 kg/m^2；选用 5～10 mm 规格的玄武岩，用量为 10 kg/m^2。试件放置 24 h 后进行磨耗试验，试验结果如表 5.8、图 5.12 所示。

表 5.8　碾压温度对脱石率的影响

碾压温度/°C	脱石率/%
80	62
100	45
120	25
140	16
160	12

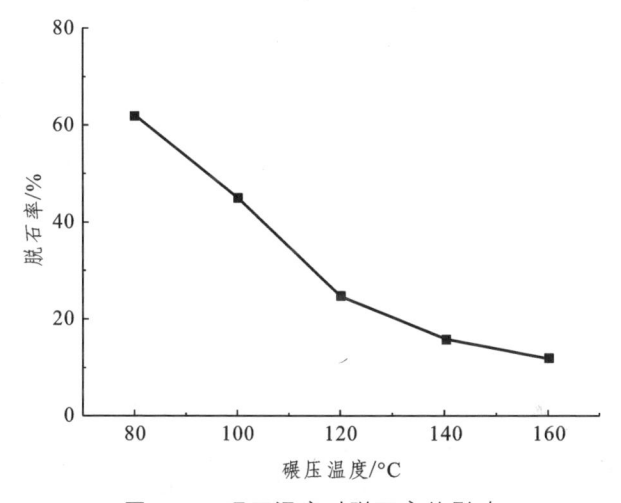

图 5.12　碾压温度对脱石率的影响

由以上图表可知，随着碾压温度的下降，脱石率逐渐升高，说明碾压温度对表层抗剥落的性能影响显著。在施工过程中，碾压速度较慢，或者降温较快时，典型简易路面结构的路面性能无法处于较高水平。

5.7.2　极端条件处置

针对碾压工艺的不完善对同步碎石封层产生的不良影响，项目组拟通过对沥青的二次加热来解决此问题。在试验室内，使用简易明火加热装置对成型后放置不同温度（160 °C、140 °C、120 °C、100 °C、80 °C）下的脱石率磨耗试件表面进行加热后（见图 5.13），再次进行碾压后，进行脱石率磨耗试验，由于加热时间很短，因此对沥青老化的影响基本上可以忽略。试验结果如表 5.9 所示。

图 5.13　对碾压过后的同步碎石表层进行加热处置

表 5.9　加热后表面脱石率

静置温度/℃	脱石率/%
80	15
100	17
120	15
140	18
160	14

由表 5.9 可以看出，在同步碎石封层表面沥青温度下降至试验温度，并重新加热碾压后，脱石率明显下降，说明重新加热并碾压后，该路面结构的抗剥落性能可以得到恢复。

第 6 章　典型简易路面结构的路用性能

6.1　概述

典型简易路面结构作为一种快速、经济、高效的路面形式,在西藏地区具有较高的适应性,具有很大的经济效益与社会效益。为了验证该结构在实际使用过程中的路用性能,本章对典型简易路面结构的路用性能进行分析。

6.2　渗水系数

典型简易路面结构是在传统的同步碎石封层技术的基础上增加了聚丙烯非织造基布,基布可以"吸收"一部分热沥青,成为"沥青+基布"夹层,可以很好地防止水分的渗入。本章为了验证典型简易路面结构的抗渗性能,参照《公路工程沥青及沥青混合料试验规程》(JTG E20—2011)中渗水试验进行测试。

6.2.1　试件成型及试验说明

水稳及整体试件的制备参照 4.3.2,黏层沥青采用 SBS 改性沥青,用量为 1.0 kg/m^2,基布规格为 140 g/m^2,碎石为 5~10 mm 规格的玄武岩,成型完毕后置于常温环境下 24 h 后,进行抗渗性能测试。

6.2.2　试验步骤

(1)将塑料圈置于试件中央或者路面表面的测点上,用粉笔分别沿塑料圈的内侧和外侧画上圈,在外环和内环之间的部分就是需要用密封材料进行密封的区域。

(2)用密封材料对环状密封区域进行密封处理,注意不要使密封材料进入内圈。如果密封材料不小心进入内圈,必须用刮刀将其刮走。然后再将搓成拇指粗细的条状密封材料摆在环状密封区域的中央,并且摆成一圈。

（3）将渗水仪放在试件或者路面表面的测点上，注意使渗水仪的中心尽量和圆环中心重合，然后略微使劲将渗水仪压在条状密封材料表面，再将配重加上，以防压力水从底座与路面间流出。

（4）将开关关闭，向量筒中注满水，然后打开开关，使量筒中的水下流并排出渗水仪底部内的空气，当量筒中水面下降速度变慢时，用双手轻压渗水仪，使渗水仪底部的气泡全部排出。关闭开关，并再次向量筒中注满水。

（5）将开关打开，待水面下降至 100 mL 刻度时，立即启动秒表开始计时，每间隔 60 s，读记仪器管的刻度一次，至水面下降到 500 mL 时为止。测试过程中，如水从底座与密封材料间渗出，说明底座与路面密封不好，应移至附近干燥路面处重新操作。如水面下降速度较慢，则测定 3 min 的渗水量即可停止；如果水面下降速度较快，在不到 3 min 的时间内到达了 500 mL 刻度线，则记录到达了 500 mL 刻度线时的时间；若水面下降至一定程度后基本保持不动，说明基本不透水或根本不透水，在报告中注明。

（6）按以上步骤在同一个检测路段选择 5 个测点测定渗水系数，取其平均值作为检测结果。

渗水试验如图 6.1 所示。

图 6.1 渗水试验

6.2.3 计算

计算时以水面从 100 mL 下降到 500 mL 所需的时间为标准，若渗水时间过长，也可以采用 3 min 通过的水量计算。

$$C_{\mathrm{w}} = \frac{V_2 - V_1}{t_2 - t_1} \times 60 \qquad (6.1)$$

式中　C_{w}——路面渗水系数（mL/min）；

　　　V_1——第一次计时时的水量（mL），通常为 100 mL；

　　　V_2——第二次计时时的水量（mL），通常为 500 mL；

　　　t_2——第一次计时时的时间（s）；

　　　t_1——第二次计时时的时间（s）。

6.2.4　结果与讨论

通过上述试验可知，渗水系数为 65 mL/min，满足《沥青路面施工技术规范》(JTG F40—2004) 要求。

6.3　构造深度

路面表面的构造深度以前称为纹理深度，是路面粗糙度的重要指标。它是指一定面积的路表面凹凸不平的开口孔隙的平均深度，主要用于评定路面表面的宏观粗糙度、排水性能及抗滑性能。

6.3.1　试件成型及试验说明

水稳及整体试件的制备参照 4.3.2，黏层沥青采用 SBS 改性沥青，用量为 1.0 kg/m², 基布规格为 140 g/m²，碎石为 5~10 mm 规格的玄武岩，成型完毕后置于常温环境下 24 h 后，进行构造深度试验测试。

6.3.2　试验步骤

（1）量砂准备：取洁净的细砂晾干、过筛，取 0.15~0.30 mm 的砂置于适当的容器中备用。量砂只能在路面上使用一次，不宜重复使用。回收砂必须经干燥、过筛处理后方可使用。

（2）对测试路段按随机取样选点的方法，决定测点所在横断面位置。测点应选在行车道的轮迹带上，距路面边缘不应小于 1 m。

（3）用扫帚或毛刷子将测点附近的路面清扫干净，面积不小于 30 cm×30 cm。

（4）用小铲装砂沿筒向圆筒中注满砂，手提圆筒上方，在硬质路面上轻轻地叩打3次，使砂密实，补足砂面用钢尺一次刮平。不可直接用量砂筒装砂，以免影响量砂密度的均匀性。

（5）将砂倒在路面上，用底面粘有橡胶片的推平板，由里向外重复做摊铺运动，稍稍用力将砂细心地、尽可能地向外摊开，使砂填入凹凸不平的路表面的空隙中，尽可能将砂摊成圆形，并不得在表面上留有浮动余砂。注意摊铺时不可用力过大或向外推挤。

（6）用钢板尺测量所构成圆的两个垂直方向的直径，取其平均值，准确至5 mm。

（7）按以上方法，同一处平行测定不少于3次，3个测点均位于轮迹带上，测点间距 3~5 m。该处的测定位置以中间测点的位置表示。

构造深度试验如图 6.2 所示。

图 6.2　构造深度试验

6.3.3　计算

（1）路面表面构造深度测定结果按式（6.2）计算：

$$TD = \frac{1\,000V}{\pi D^2/4} = \frac{31\,831}{D^2} \qquad (6.2)$$

式中　TD——路面表面构造深度（mm）；

　　　V——砂的体积（25 cm³）；

　　　D——推平砂的平均直径（mm）。

（2）每一处均取 3 次路面构造深度的测定结果的平均值作为试验结果，精确至 0.1 mm。

6.3.4　试验结果

通过上述试验方法测得构造深度为 1.52 mm，按照《公路沥青路面设计规范》（JTG D50—2017）的要求，沥青路面的构造深度 $TD \geqslant 0.55$ mm，因此典型简易路面结构的构造深度满足规范要求。

6.4　摆式摩擦系数

6.4.1　试件成型及试验说明

水稳及整体试件的制备参照 4.3.2，黏层沥青采用 SBS 改性沥青，用量为 1.0 kg/m²，基布规格为 140 g/m²，碎石为 5~10 mm 规格的玄武岩，成型完毕后置于常温环境下 24 h 后，进行摆式摩擦系数试验测试。

6.4.2　试验步骤

6.4.2.1　准备工作

（1）检查摆式仪的调零灵敏情况，并定期进行仪器的标定。

（2）按公路路基路面现场测试规程（JTG 3450—2019）中 T0964—2008 所示方法，进行测试路段的取样选定。在横断面上测点应选在行车道轮迹处，且距路面边缘不小于 1 m。

6.4.2.2 测试步骤

(1) 清洁路面：用扫帚或其他工具将测点处的路面打扫干净。
(2) 仪器调平。
① 将仪器置于路面测点上，并使摆的摆动方向与行车方向一致。
② 转动底座上的调平螺栓，使水准泡居中。
(3) 调零。
① 放松紧固把手，转动升降把手，使摆升高并能自由摆动，然后旋紧紧固把手。
② 将摆固定在右侧悬臂上，使摆处于水平释放位置，并把指针拨至右端与摆杆平行处。
③ 按下释放开关，使摆向左带动指针摆动。当摆达到最高位置后下落时，用手将摆杆接住，此时指针应指零。
④ 若指针不指零时，可稍旋紧或旋松摆的调节螺母。
⑤ 重复上述 4 个步骤，直至指针指零。调零允许误差为±1。
(4) 校核滑动长度。
① 让摆处于自然下垂状态，松开固定把手，转动升降把手，使摆下降。与此同时，提起举升柄使摆向左侧移动，然后放下举升柄使橡胶片下缘轻轻触地，紧靠橡胶片摆放滑动长度量尺，使量尺左端对准橡胶片下缘；再提起举升柄使摆向右侧移动，然后放下举升柄使橡胶片下缘轻轻触地，检查橡胶片下缘应与滑动长度量尺的右端齐平。
② 若齐平，则说明橡胶片两次触地的距离（滑动长度）符合 126 mm 的规定。校核滑动长度时，应以橡胶片长边刚刚接触路面为准，不可借摆的力量向前滑动，以免标定的滑动长度与实际不符。
③ 若不齐平，升高或降低摆或仪器底座的高度。微调时用旋转仪器底座上的调平螺丝调整仪器底座的高度，这个方法比较方便，但需注意保持水准泡居中。
④ 重复上述步骤，直至滑动长度符合 126 mm 的规定。
(5) 将摆固定在右侧悬臂上，使摆处于水平释放位置，并把指针拨至右端与摆杆平行处。
(6) 用喷水壶浇洒测点，使路面处于湿润状态。
(7) 按下右侧悬臂上的释放开关，使摆在路面滑过。当摆杆回落时，用手接住，读数但不记录。然后使摆杆和指针重新置于水平释放位置。
(8) 重复 (6) 和 (7) 的操作 5 次，并读记每次测定的摆值。

单点测定的 5 个值中，最大值与最小值的差值不得大于 3。如差值大于 3 时，应检查产生的原因，并再次重复上述各项操作，直至符合规定为止。

取 5 次测定的平均值作为单点的路面抗滑值（即摆值 BPN_t），取整数。

（9）在测点位置用温度计测记潮湿路表温度，准确至 1 °C。

（10）每个测点由 3 个单点组成，即需按以上方法在同一测点处平行测定 3 次，以 3 次测定结果的平均值作为该测点的代表值（精确到 1）。3 个单点均应位于轮迹带上，单点间距离为 3~5 m。该测点的位置以中间单点的位置表示。

（11）抗滑值的温度修正。

当路面温度为 t（°C）时，测得的摆值为 BPN_t，必须按式（6.3）换算成标准温度 20 °C 的摆值 BPN_{20}。

$$BPN_{20} = BPN_t + \Delta BPN \tag{6.3}$$

式中　BPN_{20}——换算成标准温度 20 °C 时的摆值；

　　　BPN_t——路面温度 t 时测得的摆值；

　　　ΔBPN——温度修正值按表 6.1 采用。

表 6.1　温度修正值

温度/°C	0	5	10	15	20	25	30	35	40
温度修正值 ΔBPN	−6	−4	−3	−1	0	+2	+3	+5	+7

摆式摩擦试验如图 6.3 所示。

图 6.3　摆式摩擦试验

6.4.3 试验结果

根据上述试验方法，测得摆式摩擦系数为 69，《公路沥青路面养护技术规范》（JTG 5142—2019）中对低等级公路的路面抗滑系数要求为不大于 32，因此，该项指标满足要求。

6.5 高温泛油

对于典型简易路面结构而言，由于表面由同种规格碎石单一粒径组成，通过碾压，碎石之间均匀排布，且碎石底部嵌入下部基布；与厚度较大的沥青混合料相比，在行车荷载的作用下，不会出现在应力作用下碎石嵌挤作用从而导致的车辙。但是在高温作用下，沥青流动性增加，对碎石的黏结作用力减弱，在车辆荷载不断作用下，容易形成泛油现象，多余的沥青粘在车轮上，对表层会有反复的拉力作用，进一步产生碎石剥落、分层等破坏。本试验中，模拟同步碎石封层在高温状况（60 ℃）时，在车辆荷载的不断作用下，出现封层泛油现象的过程。

6.5.1 试件成型及试验说明

典型简易路面结构的室内试验试件参考 4.3.2 进行制备，黏层采用 SBS 改性沥青，用量为 1.0 kg/m^2，基布规格为 140 kg/m^2，同步碎石封层沥青为 SBS 改性沥青，设置 5 组试件，用量分别为 0.6 kg/m^2、0.8 kg/m^2、1.0 kg/m^2、1.2 kg/m^2、1.4 kg/m^2，碎石为 5 ~ 10 mm 规格的玄武岩。

6.5.2 试验步骤

（1）将试件连同试模一起，置于已经达到试验温度 60 ℃ ± 1 ℃ 的恒温室中，保温不小于 5 h，也不得超过 12 h。

（2）将试件置于车辙试验机的试验台上，试验轮载试件的中央部位。启动试验机,使试验轮往返行走,时间约为 1 h。

(3)该试验模拟夏季高温季节,在重载的作用下,同步碎石封层表面发生泛油的现象。观察试验机橡胶轮碾压过的痕迹以及集料的脱落现象。

高温泛油试验如图 6.4 所示。

图 6.4　高温泛油试验

6.5.3　试验结果

碾压后的试件出现以下现象:试验一和试验二中,表现出来集料松散的现象,毛刷轻轻刷过碾压过的车辙部位,大量集料随之脱落,形成表面坑槽,说明黏结力不足,沥青用量偏低,黏层油不足以完全黏结集料。碾压过车辙痕迹现象如表 6.2 所示。

表 6.2　不同沥青用量条件下的车辙试验表面情况

封层沥青用量	0.6 kg/m²	0.8 kg/m²	1.0 kg/m²	1.2 kg/m²	1.4 kg/m²
表面现象	集料大量脱落,有 60%~70% 面积产生坑槽现象	集料大量脱落,有 30%~40% 面积产生坑槽现象	基本无集料脱落现象,表面平整,有少量沥青泛出	无集料脱落现象,表面沥青泛出,表面黑颜色较为明显	表面沥青泛出严重,沥青被带起严重

由上述结果可知,沥青使用量不同时,试件表现出来不同的耐高温性能,当沥青用量过高时,在高温条件下,荷载的反复作用会加剧泛油的产生(见图 6.5);而在沥青用量过少时,由于对表层碎石的黏结力不够,荷载的作用会使

碎石逐渐剥离，导致坑槽的出现。在碎石规格为 5~10 mm 的玄武岩时，在保证脱石率较小的前提下，综合第 4 章 4.5.2 的结果分析，建议沥青用量为 1.0~1.1 kg/m^2。

图 6.5 泛油情况

第 7 章 典型简易路面结构施工关键技术研究

第 7 章 典型简易路面结构施工关键技术研究

通过前文的研究，本书对典型简易路面结构的各项参数进行了优化，并对其在西藏地区特殊环境的适应性进行了分析。为了对试验室内所得指标及参数进行验证，本书选择了西藏日喀则地区萨嘎至雄如乡的农村公路工程进行试验段的铺筑，进一步验证该结构的施工可行性以及路用性能。

7.1 试验路概况

7.1.1 工程概况

萨嘎县位于西藏自治区南部，日喀则地区的西北部，属边县之一。全县边境线长 105 千米，为日喀则地区西部三县（仲巴、萨嘎、吉隆）之中心，东与昂仁县、聂拉木县接壤，南与吉隆县和尼泊尔王国为邻，西与仲巴县，北与阿里地区的措勤县相接。地处喜马拉雅山北麓，冈底斯山脉以南的西南边缘，雅鲁藏布江上游。境内"219"国道横贯全县东西，也是拉萨通往阿里普兰的交通要道。全县总面积为 2.55 万 km^2，下辖七乡一镇，38 个行政村，现在总人口为 12 600 人。全县平均海拔在 4 600 m，气候高寒严酷，属典型的高原型气候。现有萨嘎县至雄如乡公路于 2002 年按照农村公路四级公路标准进行全线建设，于 2005 年建成简易的砂石路面，全长 32 km，其路基宽度为 5~7 m，该段泥石流频发，但该段地形、地质等条件相对较好。受地形、地质条件及经费投入不足等因素制约，现有公路技术等级低，行车条件差，抗灾能力弱，排水防护工程设施缺乏，养护保通工作十分繁重。

根据本项目初设以及本项目在西藏自治区公路网及日喀则地区路网中的功能、作用，并结合日喀则地区的经济特点、沿线地形条件、通行能力及服务水平分析，本项目全线采用四级标准进行建设，设计速度 20 km/h。路线全长 31.081 km，路基宽度采用 6 m，断面布置为 2 m×2.25 m（行车道）+2 m×0.5 m（硬路肩）+2 m×0.25 m（土路肩）。桥涵设计荷载采用公路-Ⅱ级。

本次试验段施工主要包括防裂基布的摊铺与同步碎石封层的摊铺。由于水泥稳定碎石工艺已经比较成熟，本书不再对施工过程进行描述。

7.1.2 试验路概况

1. 自然地理概况

（1）地理位置。

拟建公路经过日喀则地区的萨嘎县城内，位于西藏自治区西南部、冈底斯山以南、雅鲁藏布江上游。试验路段位于该工程中间段，总长约为 500 m。

（2）气象及气象条件。

萨嘎县地处高原严寒带半干旱气候区，空气稀薄，日照充足，昼夜温差大，干燥寒冷，只有温、寒季之别。年日照时数在 3 000～3 400 h 之间。年无霜期 105 d 左右，年降水量 280 mm。常见的自然灾害有雪灾、风灾、干旱、霜冻、冰雹等。

（3）水文及河流。

萨嘎县境内大小河流有 10 余条，总长度 5 000 km，其中，雅鲁藏布江发源于临县仲巴县境内，流经萨嘎县 320 km。此外还有 10 多个小湖泊，6 处地热温泉。

（4）地貌。

萨嘎县属高原山地，地势由北向东倾斜。该县位于西藏自治区南部、日喀则地区的西北部，属全区边境县之一。全县边境线长 105 km，为日喀则地区西部三县（仲巴、萨嘎、吉隆）中心。地处喜马拉雅山北麓，冈底斯山脉以南的西南边缘，雅鲁藏布江上游，全县平均海拔 4 600 m，北有冈底斯山，南有喜马拉雅山，中间夹有强拉山、同日伦布山等众多高山。山与山之间隔着开阔不等、互不联通的平川、沟谷。路线基本利用原有路基，地面高程在 4 440～4 480 m 之间，相对高差一般小于 40 m，为高山山前平原地貌，如图 7.1 所示。

图 7.1 线路内高山山前平原地貌

2．技术指标

（1）路基。

本项目主线路基宽度为 6 m，行车道为 2 m×2.25 m，C20 片石混凝土路肩硬化 2 m×0.5 m，土路肩 2 m×0.25 m。

该路段内土质为碎石类土，路基填土选择了颗粒均匀、片石含量少的粗粒土填筑，填料最大粒径不得大于 15 cm。

（2）路面。

① 公路分区。

公路自然区划为Ⅶ6a 区，气候分区为 3-2 区。

② 路面结构设计参数。

根据交通量、道路等级对路面结构强度的要求，并考虑到路面面层应具备坚实、耐磨、抗滑、防雨水下渗等功能，经计算确定路面结构层次及厚度如下：

面层：沥青黏层 + 基布 + 同步碎石封层，厚 1.2 cm。

基层：水泥稳定砂砾，厚 18 cm。

底基层：天然砂砾，厚 15 cm。

路面总厚度：34.5 cm。

7.2 施工前准备

7.2.1 材料组成与设计

（1）透层油（乳化沥青），用量为 0.7～1.5 L/m^2，其技术指标要求见表 7.1。

表 7.1 乳化沥青技术指标要求

试验项目	技术要求
破乳速度	慢裂
粒子电荷	阳离子（+）
恩格拉黏度 25 ℃	1～6
1.18 mm 筛上剩余量（%），小于	0.1

续表

试验项目		技术要求
与矿料的黏附性，裹覆面积不小于		2/3
沥青标准黏度计，C25.3		8～20
蒸发残留物性质	蒸发残留物含量不小于/%	50
	针入度（25 ℃，100 g，5 s）/0.1 mm	50～300
	延度（15 ℃）不小于/cm	40
	溶解度（三氯乙烯）不小于/%	97.5
常温储存稳定性	1 d 不大于	1
	5 d 不大于	5

（2）改性沥青。

碎石封层采用 SBS（I-C）改性沥青作为结合料，改性沥青的技术要求应符合表 7.2 的规定。黏层沥青为 1.0 kg/m²，同步碎石封层沥青用量为 1.1 kg/m²。

表 7.2　SBS 改性沥青技术指标要求

指标	单位	技术要求	检测结果	试验方法
针入度（25 ℃，5 s，100 g）	0.1 mm	80～100	87.3	T 0604
延度 5 ℃，5 cm/min，不小于	cm	50	80	T 0605
软化点 $T_{R\&B}$，不小于	℃	48	51	T 0606

注：检测结果由合作施工单位委托第三方检测确定。

（3）集料。

① 碎石封层所用集料技术要求与沥青混合料使用的石料基本相同，应洁净、干燥、无风化、无杂质，并应具有足够的强度和良好的颗粒形状。

② 碎石封层宜采用粒径为 4.75～9.5 mm 的单挡集料，集料的物理力学性质应符合表 7.3 的规定，用量为 8.5 kg/m²。

表 7.3 集料的物理力学性质

指标	单位	技术要求	试验方法
压碎值，不大于	%	20	T 0316
洛杉矶磨耗损失，不大于	%	22	T 0317
表观相对密度，不小于	—	2.70	T 0304
坚固性，不大于	%	10	T 0314
针片状颗粒含量，不大于	%	10	T 0312
水洗法 < 0.075 mm 颗粒含量，不大于	%	0.2	T 0310
软石含量，不大于	%	3	T 0320
吸水率，不大于	%	2.5	T 0304
粗集料与沥青的黏附性，不小于	—	4 级	T 0616 T 0663

注：沥青路面碎石封层所用碎石表面未完全被沥青裹覆，因此集料洁净程度应比沥青混合料的集料要求更高。

（4）基布。

JOFO 防裂基布采用满铺工艺，基布性能应满足表 7.4 规定的技术指标，应单面烧毛，其余技术指标应满足《公路工程土工合成材料短纤针刺非织造土工布》（JT/T 520—2004）的规定。工地现场应根据检测频率对到场的防裂基布卷材进行取样抽检，确认合格后方可用于施工。

聚丙烯非织造土工织物熔点约为 175 ℃，因此直接与摊铺温度达到 175 ℃ 及以上的沥青混合料接触时，应进行工程试验，验证其可行性。

表 7.4 防裂基布技术指标

单位面积质量	抗拉强度	极限抗拉强度纵、横比	极限延伸率（纵、横向）	CBR 顶破强度	沥青浸油量
120 ~ 160 g/m²	≥9.0 kN/m	≥0.80	≤40%	≥2 kN	≥1.2 kg/m²

7.2.2 施工机械的准备

（1）沥青喷洒车（见图 7.2）。

注：同步碎石封层车可兼备沥青喷洒功能。

图 7.2　沥青喷洒车

（2）防裂基布摊铺机（见图 7.3）。

图 7.3　防裂基布摊铺机

（3）25 t 以上胶轮压路机 1 台、6~10 t 钢轮压路机（见图 7.4、图 7.5）。

图 7.4　胶轮压路机

图 7.5　钢轮压路机

（4）洒水车（见图 7.6）。

图 7.6　洒水车

（5）同步碎石封层撒布车（见图7.7）。

图 7.7　同步碎石封层撒布车

7.2.3　人员组织管理

项目经理1名，每个作业面安排一个施工队，施工队包括沥青洒布车司机1名、防裂基布摊铺机手1名及摊铺机两侧辅助工2名。各施工队由项目经理统一派骨干技术人员1名，具体负责施工现场管理工作。

7.3　施工流程

施工流程如图7.8所示。

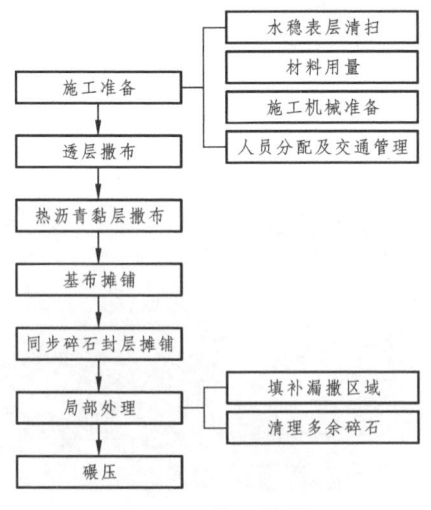

```
施工准备 ─┬─ 水稳表层清扫
         ├─ 材料用量
         ├─ 施工机械准备
         └─ 人员分配及交通管理
    │
  透层撒布
    │
  热沥青黏层撒布
    │
  基布摊铺
    │
  同步碎石封层摊铺
    │
  局部处理 ─┬─ 填补漏撒区域
           └─ 清理多余碎石
    │
   碾压
```

图 7.8　施工流程

7.4 现场施工质量控制

7.4.1 清扫基层

采用人力结合森林灭火器、强力吹风机等清洁工具将基层表面清扫干净，保证基层表面干燥、清洁、无尘土、碎石和污物等，并要求将路面上尖锐的部分予以铲除，确保基层平整、坚实，如图 7.9 所示。

图 7.9 基层的清扫

7.4.2 撒布透层

半刚性基层检查合格后，可喷洒乳化沥青透层油，用量控制在 0.7～1.5 kg/m^2 之间，建议用量为 0.8 kg/m^2。乳化沥青喷洒完成后，应做好防污染措施，同时禁止车辆行驶。为降低乳化沥青破乳后的黏性，基层宜当天喷洒透层油，第二天再进行热沥青黏层油喷洒和防裂基布的摊铺，以降低热沥青洒布车轮胎对基层表面的破坏，如图 7.10 所示。

图 7.10 撒布透层

7.4.3 洒布黏层沥青

（1）作为基层与防裂基布之间的黏结剂使用的热沥青，其质量应满足规范和设计文件的要求，具体检测指标参照《公路沥青路面施工技术规范》（JTG F40—2004）要求。

（2）热沥青黏层油的施工由防裂基布厂家自行施工。施工前，提前对热沥青洒布车喷嘴、温度显示设备、油泵循环系统等进行检查，通过调整油泵压力、行车速度对洒布车的洒布量进行标定，现场施工时也应安排人员对洒布量进行检测，确保用量符合要求，如有偏差应及时进行调整。

（3）当黏层油采用热喷道路石油沥青或热喷改性沥青时，由于聚丙烯防裂基布的熔点约为 165 ℃，因此应通过试验验证，严格控制撒布温度。① 对于道路石油沥青，为了提高沥青的渗透性，防止温度下降过快影响防裂基布的粘贴效果，同时避免基质沥青温度过高产生老化，撒布车内沥青温度宜控制在

145～155 ℃，撒布量控制在 1.0～1.4 kg/m²；② 对于改性沥青，考虑到聚丙烯基布受到高温冲击时，会有一定熔化反应，因此建议撒布车内沥青温度宜控制在 170～180 ℃，撒布量控制在 1.0～1.4 kg/m²。

（4）热沥青黏层油洒布时，洒布宽度宜略宽于防裂基布两边各（5±1）cm长度，确保防裂基布铺设时能够较好地与基层表面黏结。由于热沥青洒布量多少与沥青洒布车车速有关，因此在沥青洒布车启动初期，应有一个加速距离，待沥青洒布车车速起来之后，再启动沥青洒布开关开始喷洒。

（5）黏层油洒布时，还需要考虑纵向搭接的问题。要求热沥青洒布车喷洒热沥青时尽量避免与相邻车道的沥青带重叠，避免相邻部分沥青洒布过量，导致以后产生泛油现象。

（6）对于热沥青喷洒过量的地方，安排施工人员进行刮除，避免由于局部沥青过量导致沥青透到防裂基布表面，引起施工车辆粘轮等问题。

7.4.4　基布的摊铺

（1）热沥青洒布前需先将防裂基布运送到位，并分段摆放（200 m），运送过程中，根据需要合理搭配防裂基布数量。每 200 m 处必须有醒目花杆提醒，表明一卷防裂基布摊铺到达终点，同时沥青洒布车也需停止洒布。待安装完新一卷防裂基布并一切准备就绪后方可继续摊铺，如图 7.11 所示。

图 7.11　基布摊铺

（2）防裂基布开始摊铺时，起点处的防裂基布必须将黏层油完全盖住，严禁存在黏层油暴露现象，终点处的黏层油也必须由防裂基布完全盖住，如图7.12所示。

图 7.12　基布摊铺过程

（3）防裂基布的施工必须采用专业摊铺机械。为把对水稳基层的破坏降到最低，实行单幅摊铺 2 000 m，单幅摊铺由 2 000 m 终点处摊铺至起点，而后由起点继续摊铺回终点摊铺，沥青洒布车行进同时，防裂基布摊铺机必须保持 10 m 以内的距离同步摊铺防裂基布，胶轮压路机也必须与防裂基布摊铺机保持 20 m 的间距进行碾压一遍。为避免胶轮压路机轮胎粘结沥青，碾压过程中胶轮压路机严禁碾压接缝处及沥青喷洒过量处。如出现沥青粘轮现象，必须进行处理，同时喷洒隔离剂。碾压过程中压路机不得急刹、转弯、调头等，确保防裂基布表面平整，如图 7.13 所示。

（4）防裂基布铺设过程中尽量减少折皱，大于 2 cm 的折皱需用剪刀剪掉，横向、纵向接缝尽量实现零搭接，搭接大于 5 cm 也需裁掉，如图 7.14 所示。

图 7.13 基布摊铺过程

图 7.14 剪切搭接基布

（5）横向、纵向搭接处零搭接最佳，搭接如存在重叠现象，必须将多出部分裁减掉。

（6）施工过程中工具配备齐全。裁纸刀、剪刀、刮板等常用工具适量配备，尽量缩短工序间衔接时间，加快施工进度。

（7）每次施工完成后，应将施工垃圾收起统一处理，不应沿路抛洒。

7.4.5 同步碎石封层的摊铺

1．清扫防裂基布表面

对沥青碎石封层路段内的杂物全部清扫干净，清扫后整体效果如图 7.15 所示。

图 7.15 整体效果

2．喷洒沥青

检查沥青洒布车的油泵系统、输油管道、测量表、保温设备是否正常、完好。在喷洒沥青前，将一定数量的沥青装入油罐，应先试洒，确定喷洒速度及洒油量。调整喷洒嘴与洒油管的角度,应控制同一地点接受两个或三个喷油嘴喷洒的沥青。根据试洒时确定的沥青用量喷洒沥青。

石油沥青的喷洒温度视气温情况与沥青种类确定,改性沥青一般为 160~180 ℃,橡胶沥青一般为 190~200 ℃,沥青洒布量为 1.2~1.4 kg/m^2。喷洒沥青时,车速与喷洒量应保持稳定,沥青洒布车在整个宽度内喷洒应均匀。

3. 撒铺石料

碎石洒布量为 7~9 m^3/1 000 m^2,并保证 100% 的满铺率。对部分撒铺不均匀的路段,缺料时应及时进行人工找补,石料集中时,应将多余石料清除。前幅路面喷洒沥青后,应在两幅搭接处预留 10~15 cm 宽度不撒石料,待后幅浇洒沥青后一起撒布石料。对于少量由于撒铺不匀而造成的油渍,要及时处理干净,如图 7.16 所示。

图 7.16 同步碎石封层撒布

4. 表面加热

根据施工气温以及同步碎石表层温度下降速度来确定是否需要表面加热。当后续碾压时,表层碎石难以碾压平整时,使用表面加热机(购置或制作)对表面层进行加热,表面加热机与同步碎石封层车之间宜保持 0.5~1 m 的距离,如图 7.17 所示。

图 7.17 表面加热机械

7.4.6 清扫及碾压

碎石撒布量以 100% 覆盖表面为准，对于局部撒布量不足的地方，应人工补足；对于多余的地方，应予以清扫，保证单层分布，如图 7.18 所示。撒铺

图 7.18 清扫

石料后（不必等全路段全部撒完），应立即用胶轮压路机进行碾压，碾压应从路边逐渐移至路中心，然后再从另一边开始移向路中心，每次轮迹的重叠宽度应为 30 cm，碾压不小于 5 遍，压路机行驶速度为 2~3 km/h，以后可适当增加。为防止小部分漏油粘胶胶轮，碾压前必须在胶轮上刷废机油或柴油。胶轮压路机碾压完成后，使用钢轮压路机进行复压，如图 7.19 所示。

图 7.19　碾压

7.4.7　施工后期现场处置

碾压结束后，对施工完成路段进行清扫，将多余的碎石清扫干净。碎石封层施工完毕后，应封闭交通，24 h 内不允许车辆在路面行驶。

7.5　施工质量检测及评价

7.5.1　施工质量检测方法

1. 材料撒布均匀度检测

采用目测的方式，检验路面表面是否平整、集料嵌挤是否密实均匀、横纵接缝是否整齐。

2．碎石封层厚度检测

采用钻芯机检测面层厚度。

3．平整度检测

参照《公路路基路面现场测试规程》（JTG 3450—2019），采用三米直尺测定方法进行平整度的检测。

4．防水性能检测

参照《公路路基路面现场测试规程》（JTG 3450—2019），采用渗水仪来测定纤维沥青碎石封层的渗水系数。

5．构造深度检测

参照《公路路基路面现场测试规程》中的手式铺砂法测定路面构造深度试验方法（T 0961—2008），测试时每一处均取 3 次路面构造深度的测定结果的平均值作为试验结果，准确至 0.1 mm，路表构造深度要求不小于 0.50 mm。

7.5.2 施工质量检测结果（见表 7.5）

表 7.5 施工质量检测结果

检查项目	检测结果	质量要求
外观	表面平整，碎石满布且均匀	表面碎石均匀、满布且平整
厚度	1.2 cm	1.0～2.0 cm
平整度	1.5 mm	< 3
宽度	4.5 m	—
黏层沥青用量	1.0 kg/m²	1.0 kg/m²
基布用量	140 g/m²	140 g/m²
同步碎石封层沥青用量	1.2 kg/m²	1.2 kg/m²
构造深度	1.4 mm	> 0.50
渗水系数	0	< 200 mL/min
摩擦系数摆值	68	> 40

7.6 沥青碎石封层经济效益分析

7.6.1 直接经济效益

1. 节省设备成本，施工效率大大提高

常规的柔性路面施工需要昂贵的热拌沥青混合料拌和站、摊铺机、压路机以及热拌料运输车辆等设备，而典型简易路面结构技术施工时只需配备同步碎石封层车一台，基布摊铺机、胶轮压路机与钢轮压路机各一台，以及其他小型机具，预计工作效率至少为 3 000 m^2/工作日。

2. 节省沥青材料，降低工程造价

传统的热拌合沥青一般厚度在 4 cm 以上，每平方米沥青用量在 5 kg 以上，而沥青碎石封层的最大厚度也只有骨料的最大粒径，每平方米的沥青用量约为 2 kg，仅此一项，就可节约 60% 的沥青。

3. 节省大量人力，减轻工人的劳动强度

由于典型简易路面结构的施工工艺简单，较常规柔性路面施工方法减少了多道工序，从而减少了工人数量。同时，由于同步碎石封层设备的高精确度，也使得现场工人的劳动强度得以大大降低。

公路建设中的经济性评价应该采用全寿命周期法来进行分析。由于缺乏大量数据，本书只是进行了简单分析，从分析结果可以看出，同步碎石封层技术的应用从经济性角度来说是切实可行的，这将对今后该项技术的推广提供了保障。

7.6.2 优越的路用性能

1. 良好的防水性

在铺设基布时，热的沥青与地面接触，此时的沥青最低温度仍保持在 120 °C，因此，具有较好流动性的沥青就会很顺利地渗入路面基层的微裂缝中，弥补了因裂缝造成的结构防水性能差等缺陷。同时，基布本身具备的渗油性质也会吸收一部分沥青，和上部的同步碎石封层一起作用，相当于在碎石和基层之间涂刷了 3 层防水材料。

2．高度的防滑性

骨料被沥青结合料黏附后，每个石料约有 1/3 的高度未被沥青裹覆，保证了石料表面的粗糙度，从而可以提供最佳的路面附着力，确保路面的高度防滑效果。

3．高度的耐磨性

由于碎石封层技术对石料级配的严格要求，保证了封层承受均匀的外力，从而增强了其抗压能力，大大提高了封层的稳固性，而沥青与石料的结合强度又保证了石料较低的剥离率。

4．高度的安全性

沥青碎石封层本身高度的耐磨及防滑性，增大了车辆的安全系数，同时，封层表面的大孔隙又保证了路面雨水的及时排除，避免了行车水雾问题，从而提供了一个安全的驾驶环境。

7.6.3 社会效益

典型简易路面结构技术施工方便、施工速度快、节约了大量的施工时间并且开放交通快，提高了运输的安全和效率，从而带来可观的社会效益。

此外，由于同步碎石封层及防裂基布的摊铺过程自动化程度高，石料本身也无须加热，这样可节省大量的能源消耗，减少了大量的废气，不但减少对现场施工人员的身体伤害，同时也减少了对大气的污染，真正做到了事半功倍。

第 8 章 结 论

西藏地区海拔高、气候寒冷、交通量相对较少，公路路面的破坏形式主要以冻害和半刚性基层沥青路面的反射裂缝为主。目前，西藏农村低等级公路主要存在技术等级低、路网通达深度不够、施工技术落后、行车条件差等亟待解决的问题。本书通过开展有针对性的试验研究，对西藏农村低等级公路交通量特征和气候特征进行深入分析和研究，提出适合西藏农村低等级公路路用要求的典型简易沥青路面结构。主要结论如下：

（1）通过对西藏地区沥青路面的现场调查和道路资料的收集与汇总，本书总结出西藏地区农村公路沥青路面的主要结构形式为沥青路面、水泥路面和粒料路面，其中粒料路面和水泥路面所占比例较大。

（2）路面病害调查表明，西藏地区公路路面的主要病害有以下几种类型：车辙、裂缝、泛油、坑槽、断裂、破碎和松散等。

（3）本书对引起西藏地区农村公路各种路面破坏病害的原因进行了分析，主要有以下几个方面：路面结构设计不当；施工质量较差；不良工程地质条件的影响；施工管理不善等。

（4）本书提出了适合于西藏地区的典型简易路面结构，该结构具有防水、防裂、施工快捷、造价较低等优点，但由于西藏地区自然条件特殊，需要对该结构的适应性进行试验分析，研究适用于西藏地区的碎石封层材料、黏层沥青、水泥稳定碎石参数。

（5）对于典型简易路面结构，水稳集料级配变化时，聚丙烯非织造防裂基布与水稳间的拉拔强度也有所不同。随着级配由上限逐渐转为下限，水稳表面的粗糙度随之增加，拉拔强度整体呈降低趋势，但相差较小。

（6）随着水泥稳定碎石中集料最大粒径的下降，基布与水稳层间拉拔强度也随之降低。最大粒径较小时，水稳表面更为致密，但降低集料的最大粒径，会使水泥稳定碎石的强度有所下降，同时黏结性能也会相应有所下降。

（7）当水稳水泥剂量增加时，在相同级配、相同黏层沥青用量的条件下，试件的整体无侧限抗压强度也随之提高，水稳表面拉拔强度呈缓慢增加趋势。

（8）随着黏层热沥青撒布温度的提高，基布泛油现象逐渐变得严重，当沥青温度大于 110 ℃ 时，泛油的情况开始出现并逐渐明显。综合路面结构的使用性能和施工可行性分析，基布的摊铺温度在 110 ℃ 时，各方面的性能较优。

（9）本书设计了聚丙烯防裂基布试验，主要评价不同沥青用量时基布与试件之间的黏结力状况，不同沥青用量时的拉拔力曲线出现了两个拉拔力峰值。黏层沥青用量为 1.0 kg/m² 时剪应力最大，达到 6.5 kN。考虑经济因素，得出 0.8~1.2 kg/m² 的用油量应为最适宜用量范围。

（10）当基布规格为 140 g/m² 时，最大拉拔力与最大剪切力均处于最高水平，但不同规格间的数据相差不大。常用规格的聚丙烯非织造防裂基布在用于典型简易路面结构时，都可以表现出较高的使用性能。

（11）采用乳化沥青、基质沥青、改性沥青和橡胶沥青作为黏结材料的同步碎石封层脱石率具有一定差异，其中橡胶沥青的试件脱石率最低，碎石与沥青之间表现出较优的黏结性能，其次是改性沥青、乳化沥青、基质沥青。

（12）对于同步碎石封层，当沥青用量较小时，沥青层过薄，石料黏附层过浅，脱石率随着沥青减少而递增。当沥青用量过大时，同步碎石封层的脱石率减小缓慢，由于沥青层较厚，变成悬浮密实型，从而失去同步碎石封层特征。从经济角度以及避免泛油角度分析可知，最佳沥青用量范围为 1.0~1.3 kg/m²。

（13）在相同用量的沥青和石料条件下，不同碎石的脱石率存在差异，脱石率由小到大顺序依次为石灰岩、玄武岩、辉绿岩、花岗岩，花岗岩的脱石率最大。

（14）使用规格为 5~10 mm 的玄武岩，当碎石用量为 8.0~9.0 kg/m² 时，同步碎石封层的脱石率处于较低水平，增大或者减小碎石的用量，脱石率都有不同程度的增加，而由试件表面碎石的分布情况可以看出，碎石撒布率基本在 100% 左右。

（15）当碎石的最大粒径越小时，脱石率越小，随着最大粒径的增加，脱石率也随之增大。在沥青裹附高度一定时，碎石最大粒径的增加会降低同步碎石封层抵抗剥落的能力。

（16）低温条件会小幅增大典型简易路面结构脱石率，但与传统的同步碎石封层结构相比，仍然处于较优水平；而沥青在低温条件下，硬度增加，黏结力大，所以拉拔强度和剪切强度均较高，低温环境对典型简易路面结构的层间黏结性能影响较小。

（17）经过大温差处置的磨耗试件的脱石率与常温条件下相差不大；无论拉拔强度还是剪切强度，在大温差条件处置过后，强度变化都很小，黏结性能受其影响较小。

（18）水分会减弱典型简易路面结构抵抗剥落的能力；而冻融会进一步促进碎石的剥落。在实际的工程中，应加强路面的排水能力。

（19）水分的浸入以及冻融条件也会损害典型简易路面结构的层间黏结性能。但对典型简易路面结构而言，由于沥青的撒布以及基布的铺设都是连续施工，路面通行后，表面的水分很难渗入层间，所以对典型简易路面结构的实际工程而言，层间黏结性能会处于较高的水平。

（20）随着碾压温度的下降，脱石率逐渐升高。施工过程中，碾压速度较慢，或者降温较快时，典型简易路面结构的路面性能无法处于较高水平。

（21）在同步碎石封层表面沥青温度下降至试验温度，并重新加热碾压后，脱石率明显下降，该路面结构的抗剥落性能可以得到恢复。

（22）渗水系数为 65 mL/min，满足《公路沥青路面施工技术规范》（JTG F40—2004）要求。

（23）通过上述试验方法测得构造深度为 1.52 mm，按照《公路沥青路面设计规范》（JTG D50—2017）的要求，沥青路面的构造深度 $TD \geqslant 0.55$ mm，因此典型简易路面结构的构造深度满足规范要求。

（24）根据上述试验方法，测得摆式摩擦系数为 69，《公路沥青路面养护技术规范》（JTJ 073.2—2001）中对低等级公路的路面抗滑系数要求为不大于 32，因此，该项指标满足要求。

（25）同步碎石封层中，沥青使用量不同时，试件表现出来不同的高温性能，当沥青用量过高时，在高温条件下，荷载的反复作用会加剧泛油的产生；而在沥青用量过少时，由于对表层碎石的黏结力不够，荷载的作用会使碎石逐渐剥离，导致坑槽和碎石剥落现象的出现。

（26）选择萨嘎至雄如农村公路工程作为典型简易路面结构的试验段，施工过程顺利，过程简便，成本较低，质量检测结果满足预期要求。

（27）典型简易路面结构具有良好的经济效益与社会效益。

参考文献

[1] 刘燕. 西藏自治区农村公路发展对策研究[D]. 重庆：重庆交通大学，2011.

[2] 赵桂娟. 低交通量道路技术标准与路面结构研究[D]. 西安：长安大学，2005.

[3] 韩凤华，许志鸿，何光. 公路沥青路面典型结构[M]. 上海：同济大学出版社，1998.

[4] 邓绍玉. 辽宁省沥青路面典型结构研究[D]. 西安：长安大学，2004.

[5] 姚宏刚. 土工聚合物在道路工程中的应用与研究[D]. 西安：西安建筑科技大学，2009.

[6] 翟晓星. 基于土工合成材料加铺层沥青混凝土路面抗裂性能研究[D]. 沈阳：沈阳建筑大学，2013.

[7] 赵国峰. 同步碎石封层技术在路面处治中的应用[J]. 山西建筑，2013，39（31）：155-157.

[8] 王慧. 云南省高原山区农村公路路基路面典型结构研究[D]. 西安：长安大学，2010.

[9] 邵艳. 贵州省高海拔地区农村公路典型路面结构及材料性能研究[D]. 重庆：重庆交通大学，2011.

[10] 覃永晖. 西部地区农村公路建设的研究——以西藏自治区为例[J]. 中外公路，2011（5）：271-275.

[11] 关笑楠. 大粒径水泥稳定碎石抗裂性能试验研究[D]. 杭州：浙江大学，2006.

[12] 仵卫东. 高性能水泥稳定碎石基层研究[D]. 西安：长安大学，2006.

[13] 吕明敏. 水泥稳定碎石基层材料设计研究[D]. 西安：长安大学，2005.

[14] 王卓娅. 河南省二灰碎石和水泥稳定碎石基层应用研究[D]. 西安：长安大学，2004.

[15] 周卫峰，赵可，王德群. 水泥稳定碎石混合料配合比的优化[J]. 长安大学学报（自然科学版），2006，26（1）：24-28.

[16] 周新锋. 水泥稳定碎石混合料配合比设计及路用性能研究[D]. 西安：长安大学，2005.

[17] 杨红辉. 掺膨胀剂及纤维水泥稳定碎石抗裂性能研究[D]. 西安：长安大学，2003.

[18] 李曦. 碎石封层性能影响因素试验研究[D]. 长沙：长沙理工大学，2009.

[19] 郭玉伟，李艳春. 同步碎石封层设计中粘结料最佳用量试验研究[J]. 公路工程，2013，38（3）：188-191.

[20] 浙江省质量技术监督局. 公路同步碎石封层设计与施工技术规程：DB33/T937—2014[S]. 上海：同济大学出版社，2015：4.

[21] 高卓，白浩，高全明. 同步碎石封层粘结性能实验研究[J]. 公路交通科技（应用技术版），2015（5）：15-17.

[22] 赵含. 碎石封层评价方法与层间粘结性能的研究[D]. 哈尔滨：哈尔滨工业大学，2011.

[23] 刘丽，杨森，郝培文. 基于沥青-集料粘结性能的碎石封层技术性能影响因素研究[J]. 武汉理工大学学报，2013，35(11)：52-57.

[24] 高国栋. 西藏地区沥青路面气候分区与改性沥青适应性研究[D]. 西安：长安大学，2011.

[25] 王晓军，程绍敏. 西藏主要气候特征分析[J]. 高原山地气象研究，2009，29（4）：81-83.

[26] 刘东. 华南湿热地区纤维沥青碎石封层路用性能及评价指标体系研究[D]. 西安：长安大学，2013.

[27] 何兆益. 低造价县乡道路修筑技术研究报告[R]. 国家交通部科研项目，2004.

[28] 姚祖康. 水泥混凝土路面设计理论和方法[M]. 北京：人民交通出版社，2003.

[29] 黄晓明. 水泥路面设计[M]. 北京：人民交通出版社，2004.

[30] 谈至明，姚祖康. 水泥混凝土路面的荷载应力分析[J]. 公路. 2002(8): 15-18.

[31] 郑传超，王秉纲. 道路结构力学计算[M]. 北京：人民交通出版社，2002.

[32] 姚祖康. 路面设计手册[M]. 北京：人民交通出版社，1992.

[33] 杨锡武. 公路水泥混凝土路面设计典型结构设计方法[M]. 北京：人民交通出版社，2002.

[34] Kennedy T, Cominsky R, Harrigan E, et al. The SHRP asphalt research program: 1990 strategic planning document contents[R]. Washington, DC: National Research Council, 1990.

[35] Brown E, Mallick R, Haddock J, et al. Performance of stone matrix asphalt

(SMA) mixtures in the United States[J]. Journal of the Aassociation of Asphalt Paving Technologists. 1997.

[36] Kandhal P. New generation open-graded asphalt friction courses[J]. Public works. 2001(13): 132.

[37] Serfass J, Samanos J. Fiber-modified asphalt concrete characteristics, applications and behavior[J]. Asphalt Paving Technology: Association of Asphalt Paving Technologists-Proceedings of the Technical Sessions. 1996, 65: 193-230.

[38] 刘晓佳. 西部地区县乡公路沥青路面典型结构研究[D]. 重庆：重庆交通学院，2004.

[39] 石坤. 县乡公路典型路面结构设计方法的探讨[J]. 安徽建筑，2005（1）：77-78.

[40] 邓学钧，黄晓明. 路面设计原理与方法[M]. 北京：人民交通出版社，2001.

[41] 李小强. 高等级公路半刚性基层沥青路面典型结构研究[D]. 南京：东南大学，1994.

[42] 陈飞跃,刘清泉,陈荣生. 县乡公路沥青路面轴载换算的研究[J].公路与汽运，2004（6）：26-28.

[43] Mcdonnald M, Robinson R. Geometric Design of Low-Cost Roads in Developing Countries[Z]. Washington DC: 1995.

[44] 国外道路标准规范编译组. 国外农村道路指南[M]. 北京：人民交通出版社，2006.

[45] Wolf H. Design Catalog for Low-Volume Roads Developed for South African Conditions[Z]. Washington DC: 1995.